NHKスペシャル
取材班

新・幕末史

グローバル・ヒストリーで読み解く列強vs.日本

GS
幻冬舎新書
715

はじめに

「幕末」と聞いて脳裏に想い浮かべるのは、どんな人物や光景だろうか？

京都を疾走する新選組の近藤勇や土方歳三の雄姿だろうか。志半ばで、暗殺の凶刃に倒れた坂本龍馬の悲劇だろうか。あるいは、最後の将軍・徳川慶喜《よしのぶ》が大政奉還を大名に告げた運命の一日だろうか。はたまた、江戸無血開城を賭けた西郷隆盛と勝海舟の決死の会談だろうか。

黒船来航から戊辰《ぼしん》戦争の終わりまで、わずか十六年。その短さにもかかわらず、疾風怒濤の時代だった幕末の人気は圧倒的で、数々のヒーローを生んできた。歴史的名場面も多く、歴史小説や大河ドラマで繰り返し描かれてきた。

これまで日本史の転換点として語られてきた「幕末」だが、近年、ヨーロッパやアメリカの博物館・文書館で幕末に関する機密文書の新発見が相次ぎ、知られざる歴史の真相が見えてきた。その原動力となっているのが、グローバル・ヒストリーという新潮流だ。地球規模のスケールで、日本史や世界史という垣根を乗り越えて、ありのままの歴史を俯瞰《ふかん》しようという試みが活発化しており、研究の最前線では、幕末日本が世界の覇権争いと深く関わっていたことが明らかになってきたのだ。

十九世紀、激烈なパワーゲームを繰り広げていた欧米列強は、海上交通の要衝にあった日本に着目する。アメリカ歴史学会の会長を務めたシカゴ大学教授のケネス・ポメランツ氏は、力と力がぶつかり合う世界で、幕末日本が地政学的なチョークポイント（戦略的に重要な航路）にあったことを喝破《かっぱ》し、こう表現している。

「世界の覇権争いのカギを握るのが、幕末日本だった」

国内の出来事と思われてきた幕府と反幕府勢力の綱引きも、グローバル・ヒストリーの視点で見ると、まったく異なる様相を呈する。それは、国際情勢に影響を与えかねない一大事件だった。尊王攘夷《そんのうじょうい》の嵐が吹き荒れ、外国人襲撃事件が続発すると、列強の外交官は、部下やスパイを放って幕府や、薩摩・長州といった雄藩の動向を探った。つぶさに観察し、分析を加えると、機密報告書にまとめて本国に送り、外務省や陸海軍が対日戦略を練り直した。

やがて、政治的な緊張が軍事的な対立に転化し、日本史上最大規模の内戦だった戊辰戦争が勃発すると、武器商人が暗躍し、大量の兵器が日本に流れ込んだ。列強の野望が渦巻く中で、戦いは激化の一途を辿り、密かに植民地化の企てが進められていた。かつてない危機に直面する中で、なぜ日本は独立を守ることができたのか。国内の対立を乗り越え、いちはやく近代国家へと生まれ変わることができた秘密は、どこにあったのだろうか。

取材班はその秘密を探るため、各国の機密資料や史料にあたり、海外の研究者からの協力を仰いだ。

本書では、グローバルな視点から浮かび上がってきた幕末史の新しい姿を描く。国内外の専門家の最新研究を取り入れ、欧米各国の歴史資料アーカイブで発掘された貴重な機密資料をふんだんに紹介しながら、幕末日本と世界が織りなす激動の時代に迫っていく。

新・幕末史／目次

第2章　イギリスの対日全面戦争計画と下関戦争　55

図版・DTP　美創

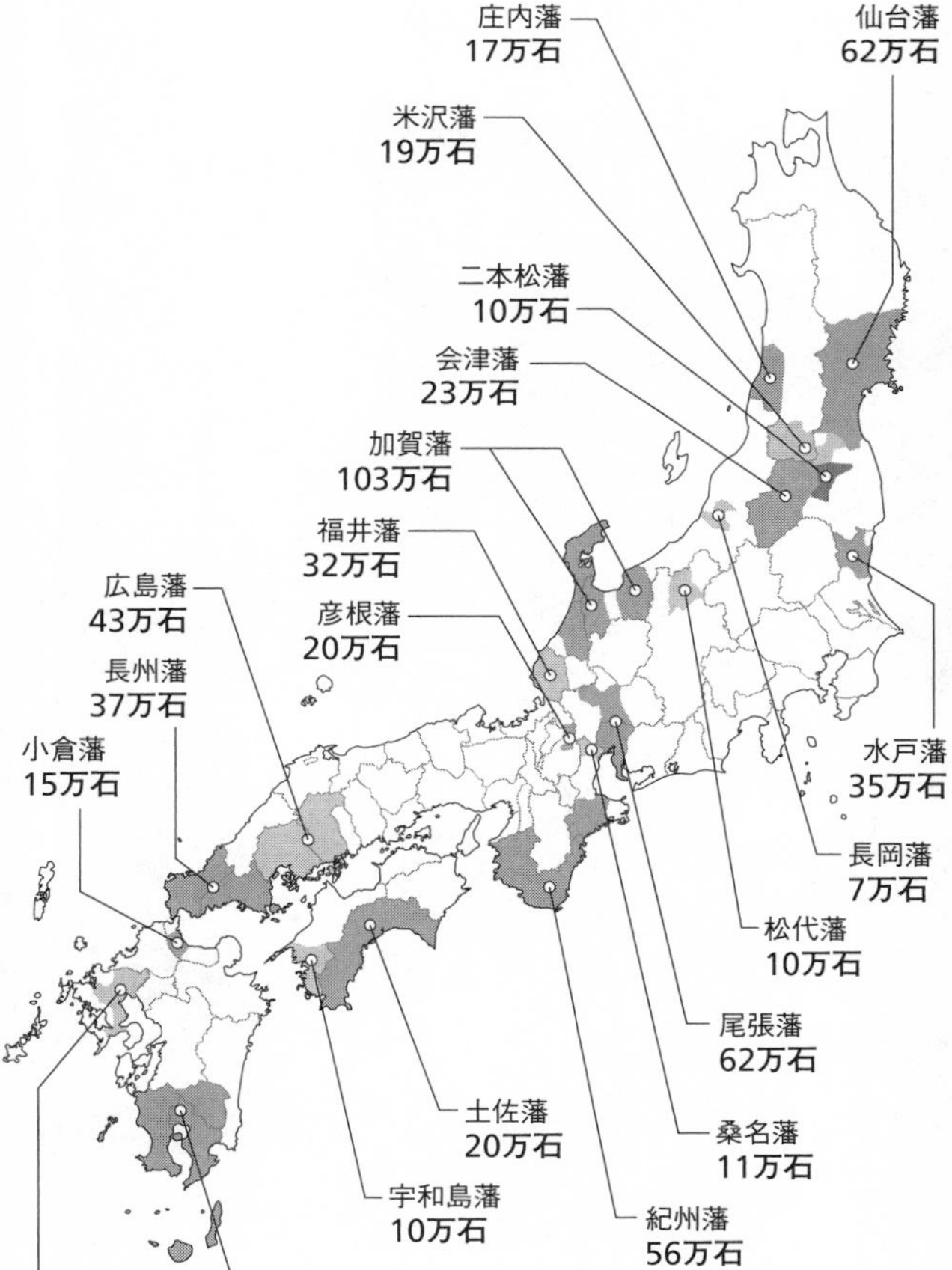

日本全国の主な大名配置図（幕末頃）

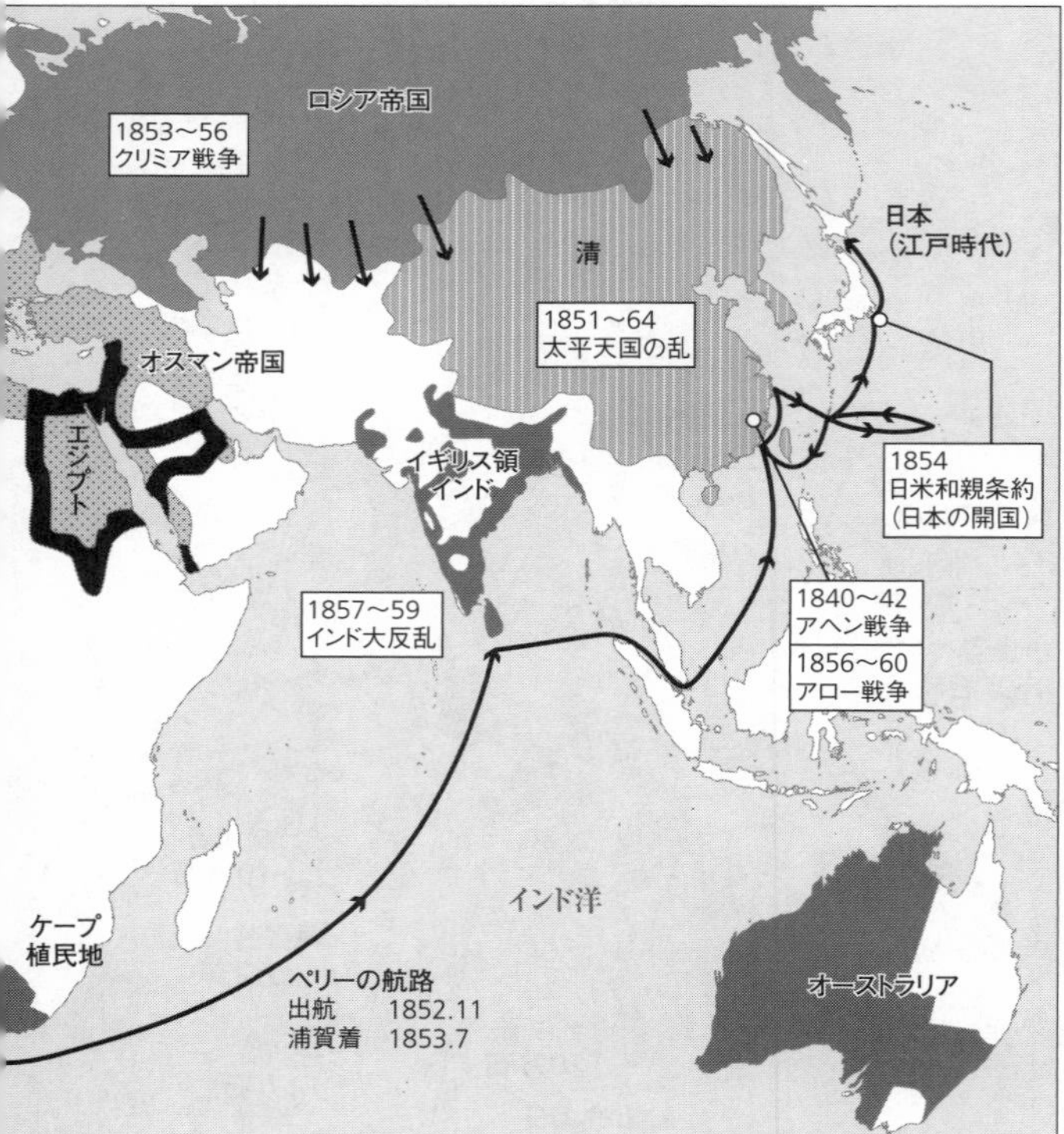

ロシア帝国
1853〜56
クリミア戦争
清
日本
（江戸時代）
1851〜64
太平天国の乱
オスマン帝国
エジプト
イギリス領
インド
1854
日米和親条約
（日本の開国）
1857〜59
インド大反乱
1840〜42
アヘン戦争
1856〜60
アロー戦争
インド洋
ケープ
植民地
ペリーの航路
出航　1852.11
浦賀着　1853.7
オーストラリア

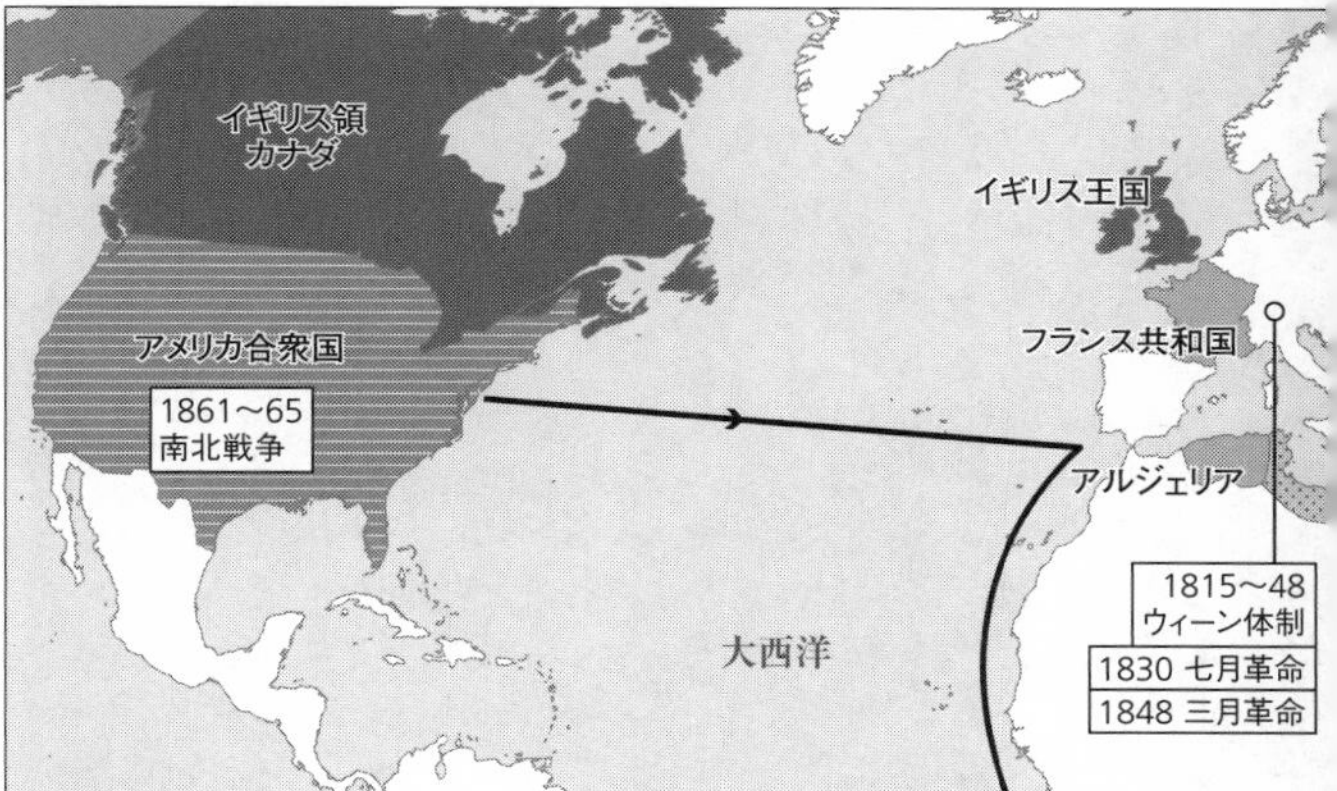

19世紀中頃の世界

参考：『アカデミア世界史』（浜島書店）

第1章　英露の覇権争いと対馬事件

黒船来航と開国、そして攘夷へ

幕末史の始まりにおいて、馴染みのあるテーマと言えば「開国」だろう。とくに有名な出来事である「黒船来航」について、基本的な情報のおさらいから始めたい。

一八五三年、現在の神奈川県浦賀沖に現れたのは、二隻の蒸気船を含んだ四隻の艦船。アメリカの東インド艦隊司令長官マシュー・ペリーが日本に来航した。ペリーはアメリカ大統領フィルモアからの国書を差し出し、開国を迫る。その理由は当時、アメリカは日本近海での捕鯨《ほげい》に力を入れており、水や食料を補給するために日本の港を利用したいというものだった。

それまで海外との交流を限定していた徳川幕府は、対応に追われることになる。

開国を強く求めるアメリカに対し、回答を引き延ばすものの、ペリーは翌一八五四年、七隻の艦隊を率いて再び来日した。

老中首座の阿部《あべ》正弘《まさひろ》は、これまで幕府だけで外交問題を決定してきた前例を破り、諸大名や幕臣などに広く意見を求める。幕府は、アメリカと一カ月余りに及ぶ話し合いの末、港は開くが通商は拒否するという結論に達する。そして結ばれたのが「日米和親条約」である。

幕府は、この条約で下田と箱館を開港し、アメリカ船への食料及び水の補給、難破船員の救助などを認めた。

しかしわずか二年後には、アメリカから外交官タウンゼント・ハリスが来日し、日本と自由貿易をするため、通商条約の締結を要求する。このとき、ハリスはアメリカとの通商の急務を主張した。『ハリス　日本滞在記』（下巻。坂田精一訳・岩波文庫）には、このような一節が残っている。

「諸外国は競って強力な艦隊を日本に派遣し、開国を要求するだろう。日本は屈服するか、然らざれば戦争の惨苦《さんく》をなめなければならない。戦争が起きないにしても、日本は絶えず外国の大艦隊の来航に脅かされるに違いない。なんらかの譲歩をしようとするならば、それは適当な時期にする必要がある。艦隊の要求するような条件は、私のような地位の者がするものよりも、決して穏和なものではない」

マシュー・ペリー（模本、東京国立博物館蔵／image：TNM image Archives）

ハリスは、列強の軍事力に屈服してから条約を結ぶよりも、平和的な交渉を続けている今こそが条約を結ぶタイミングであると主張する。対する幕府は避戦主義をとり、一八五

タウンゼント・ハリス（玉泉寺ハリス記念館蔵）

八年、大老の井伊直弼《なおすけ》は一四カ条からなる「日米修好通商条約」に調印することになる。

　もちろん、アメリカだけが日本と自由貿易をすることを、他の諸外国が認めるわけがなかった。幕府は、アメリカに次いでイギリス・フランス・オランダ・ロシアとも修好通商条約を締結する。一八五九年には、通商条約に基づき、横浜・長崎・箱館で貿易が始まる。開港場には居留地が設けられ、外国の商人と日本の商人の間で貿易取引が行われるようになっていく。最大の貿易港は横浜で、日本からの輸出品は生《き》糸《いと》が八〇%近くに及び、輸入品は毛織物・綿織物などの繊維製品が七〇%を占めていた。

　日本にとって不慣れな海外貿易は、国内経済に大きな変動を引き起こすことになった。

　代表的なのが、輸出品の生産地にいた商人が、開港場に直接商品を送ったことによる市場の混乱だ。江戸時代を通して築かれてきた流通システムが崩れたことで、これまで日本の市場に出回っていた商品が品薄になり、物価が上昇した。

その対策として幕府が行ったのが、一八六〇年の「五品江戸廻送令《ごひんえどかいそうれい》」。雑穀・水油・蠟《ろう》・呉服・生糸の五品を産地から江戸の問屋を経由して、横浜に送ることを命じた。既存の流通システムを活かすことで、江戸の物価上昇を防ごうとしたのだ。しかし、諸外国の圧力と地方商人の反対で、こうした幕府の統制は不徹底に終わる。

ものの値段が上がり、人々が生活に苦しむ中で広まっていったのが「攘夷《じょうい》」という考え方だ。攘夷とは、外国人を武力で追い払うなどの排斥運動のことを指す。攘夷派の一翼を担っていたのは薩摩藩や長州藩だった。日本にやってきた外交官や商人を狙うテロ事件を引き起こしながら、勢力を拡大していくことになる。

……と、ここまで開国をきっかけに新たな勢力・攘夷派が、どのように台頭してきたのかを簡単に振り返ってみた。そして、この後、幕末史は急展開することになる。開港からわずか十五年ほどで、薩摩藩や長州藩などは新政府軍として、二百六十年以上続いた徳川幕府を滅ぼすことになる。

新たな幕末史が極秘書簡から見えてくる

なぜ、そんなことが起きたのか？

この歴史の大変動に密接に関わっていたのが、本書のメインテーマでもある激動の世界情勢である。

海外の戦場から国内に流れ込んできた大量の最新兵器、さらには列強が推し進めた自由貿易の実態や武器商人の暗躍を追っていくと、それらが加速する倒幕の動きや新時代・明治の幕開けと密接に絡み合っていたことが見えてくる。

一八六七年、最後の将軍である徳川慶喜は、政権を朝廷に返上する「大政奉還」を決断する。そこに影を落としていたのは、世界の覇権を争う大国の攻防、グレート・ゲームだ。そこから日本を新たな政治体制へ作り替えようとする壮大な戦略が浮き彫りになる。

一八六八年、旧幕府軍と新政府軍の間で国内最大規模の内戦・戊辰戦争が勃発した。その裏では、列強の一国プロイセンで植民地計画が進んでいた。大国の思惑が入り乱れる中、どのように日本は独立を守っていったのだろうか。

幕末日本に待ち受ける運命を明らかにするため、主に扱う史料は、イギリス国立公文書館やケンブリッジ大学に所蔵される極秘書簡、ドイツ連邦公文書館に所蔵されているプロイセン（北ドイツ連邦）の外交・海軍文書になる。

イギリス史料については膨大な資料群のため、これまで体系的な分析が十分ではなかった。またドイツの史料に関しては東西冷戦時に離散・紛失したという経緯があり、それらの整理や公開が進み、新資料の発掘が続けられている。さらにアメリカ、ロシア、オランダ、フランスを加えた六カ国のアーカイブス史料を活用しながら、幕末史を動かした重大な出来事や転換点に欧米列強がどのように関わったのかを見ていきたい。

幕末を示す時期については専門家の間でも見解が分かれているが、今回は、黒船来航の一八五三年から、徳川幕府を支持する勢力と新政府軍の戦い・戊辰戦争が終結した一八六九年までを幕末として扱いながら物語を進めていく。

大英帝国イギリスの世界戦略とは

一八五三年、日本に開国を迫り、激動の時代の扉を開いたのはアメリカだが、意外なことにその後の幕末史への直接的な影響が大きいとは言えない。

その理由は、アメリカの国内事情にあった。一八六一年から六五年にかけてアメリカでは南北戦争が勃発。南北戦争の詳細は後述するが、文字通り、合衆国の南部と北部が相争った内戦であり、六一万人あまりに及ぶ戦死者数を出した。アメリカ本国は内戦にかかりきりで、極東の島国、日本に関する政策に力を入れることは難しかったのだ。

それでは、幕末史に大きな影響を与えた列強は、いったいどこなのか。

この章では、七つの海を支配したと言われる大英帝国イギリスと、ユーラシアの超大国ロシアの覇権争いが、幕末史に与えたインパクトを紹介する。

イギリスとロシアは、どのような覇権争いを繰り広げていたのか？

それがなぜ、幕末日本に影響を与えることになったのか？

まずは当時の世界情勢を知ることから始めたい。

二〇二二年六月、取材班が向かったのはイギリス。この頃、日本ではまだまだ新型コロナウイルスのパンデミックを警戒し、マスクの着用やアルコール消毒薬や除菌シートの携帯が欠かせなかった時期だが、ロンドンの街は、すでにロックダウンが解かれていた。

これまでの鬱屈した暮らしを払拭しようと賑わうヨーロッパのツアー客たちの喧噪をよそに、取材班はイギリス南西部ウェールズに向かった。目的は、幕末日本と世界を結びつけた〈テクノロジー〉を撮影するためだ。

ブレコンマウンテン保存鉄道。そこでは大英帝国の栄華を今に伝えるため、メンテナンスが行われた「蒸気機関車」が現役で運行を続けていた。汽笛と共に勢いよく吹き出す白い煙。動力源は、石炭を燃やしたエネルギーを利用する蒸気機関だ。

ブレコンマウンテン保存鉄道の広報ジョン・テイラー氏は、誇らしげに語る。

「蒸気機関は、イギリスだけでなく、世界の交通に革命を起こしました。ヒトもモノも、あらゆる場所に移動できるようになったのです。蒸気機関は、まさにゲームチェンジャーでした」

この蒸気機関こそが、産業革命をリードした大英帝国の遺産であった。

産業革命とは、十八世紀後半から十九世紀前半にかけてイギリスで始まり欧州に波及した技術革新に伴う産業の変革のことを指す。手工業生産から工場制生産へとシフトしたことで、大量生産が可能になり、経済や社会構造に大きな変化が起きた。

産業革命の中でも、鉄道の出現は、テイラー氏の言うように世界を変えた。

一八二五年、石炭を炭坑《たんこう》から水路まで運ぶストックトン・ダーリントン鉄道が開通した。一八三〇年にはリバプール・マンチェスター鉄道が開通して商業的成功を収めた。こうした成功に刺激され、鉄道網は急速にイギリス全土に拡大しながら、産業資本を循環させる大動脈を形成していった。

他の国も鉄道を導入しようと試みるも、建設には莫大な資金や技術が必要となる。イギリスは諸外国に、蒸気機関車、レール、建設技師を提供するなどのビジネスで巨万の富を得ることになる。

世界の鉄道総延長は、一八四七年には二万五一〇〇キロメートルであったのが、十年後の一八五七年には、三倍強の八万二八〇〇キロメートル。一八六七年には、さらに倍の一五万五七〇〇キロメートルへと発展を遂げることになる。

蒸気機関を利用したイギリスの躍進は、これにとどまらない。イギリスは蒸気エンジンを軍艦に搭載。海外への進出を加速していくことになる。蒸気船と呼ばれる船だ。

ヴィクトリア女王（写真提供：ユニフォトプレス）

それまでの帆船の時代では、季節風を待たなければ渡れない海があり、風向きによって針路の変更も余儀なくされるなど船は天候に支配されていた。それが、蒸気船では風に向かって進むことも、風がまったくないときにも速く進むことができるようになったのだ。

　こうした蒸気船の特性こそが、大英帝国が世界に植民地を広げ、世界の四分の一の地域を影響下に置くことになる原動力となったと分析するのは、イギリス王立武器庫のシニアフェローとして軍事史を研究するニコラス・ホール氏だ。

「蒸気船が登場したことによって、イギリス海軍の戦略は完全に変わりました。理論的には軍艦が天候の支配から抜け出したことにより、船があらかじめ決められた位置に集結し、艦隊を編制して力を発揮することが可能になったのです。その戦略理論を実現するためにもイギリスは、世界中に軍事基地を作ることに邁進《まいしん》したのです」

　七つの海を支配したと言われるほど、この頃のイギリスは、世界中に軍事基地や石炭の補給基地を建設することに力を注いでいた。そして支配地域を広げ、交易を拡充させていくほど、イギリスには巨万の富がもたらされた。

代表的なのは当時、大英帝国に君臨したヴィクトリア女王の王冠だ。植民地からもたらされる富の象徴として、一二〇〇個のダイヤモンドがちりばめられていた。

世界の覇権を握ろうとするイギリス。しかし、帝国の肥大化には、他国との衝突がついて回るものだ。ロンドンに戻った取材班は、イギリス国立公文書館を訪ねた。

学芸員のウィル・バトラー氏が運んできたのは、外務省の機密資料だった。他国の政治情勢を探るためのもので、イギリスの知られざる世界戦略を解き明かす、貴重な資料である。

「大英帝国は、世界中に外交官やスパイを派遣していました。アフリカ、インド、中国、アメリカ、ロシアなど各地の膨大な記録が残されています」

各国のファイルの中でも、古めかしい革の表紙に包まれたひときわ分厚い書簡集は、イギリスの諜報網が最も注視していたロシア帝国の動向を記録したものだった。

イギリスとロシアによるグレート・ゲーム

なぜ、イギリスがロシア帝国を警戒していたのか？

それは、ロシア帝国がイギリスの覇権を脅《おびや》かしかねないユーラシアの超大国だったからだ。

ロシア帝国とは、十八世紀初めから一九一七年のロシア革命までのロシアのことを指す。その領土は十九世紀末の時点において、のちのソビエト連邦の領域にフィンランドとポーランドの一部を加えたものになる。一億を超える人口を擁したと言われ、世界有数の陸軍を有していた。

帝国の首都は、サンクトペテルブルク。その街並みは実に特徴的で、ギリシア風、イタリア風、オランダ風などヨーロッパのさまざまな建築様式を見ることができる。「西欧への窓」と言われており、西ヨーロッパ諸国を手本に改革を進め、帝国のさらなる拡大の機会をうかがっていた。

十九世紀、ロシアが帝国拡大のために狙ったのは「黒海」だった。

黒海とは、ヨーロッパとアジアの間にある内海のことである。ロシア側からみて、ヨーロッパへと続く海の玄関口であり、なにより重要なことは、冬でも凍らない不凍港があることだった。海上貿易を行うためには不凍港の獲得が必須とされて、黒海からヨーロッパへ勢力を伸ばそうとするロシア。その野望の前に立ちはだかったのが、イギリスだった。

両国は、現在のウクライナ南部・クリミア半島で激突した。一八五三年から五六年にかけて行われたクリミア戦争だ。ナイチンゲールが傷病兵を看護した戦いとしても知られている。

クリミア戦争は、ロシアの快進撃で幕を開ける。

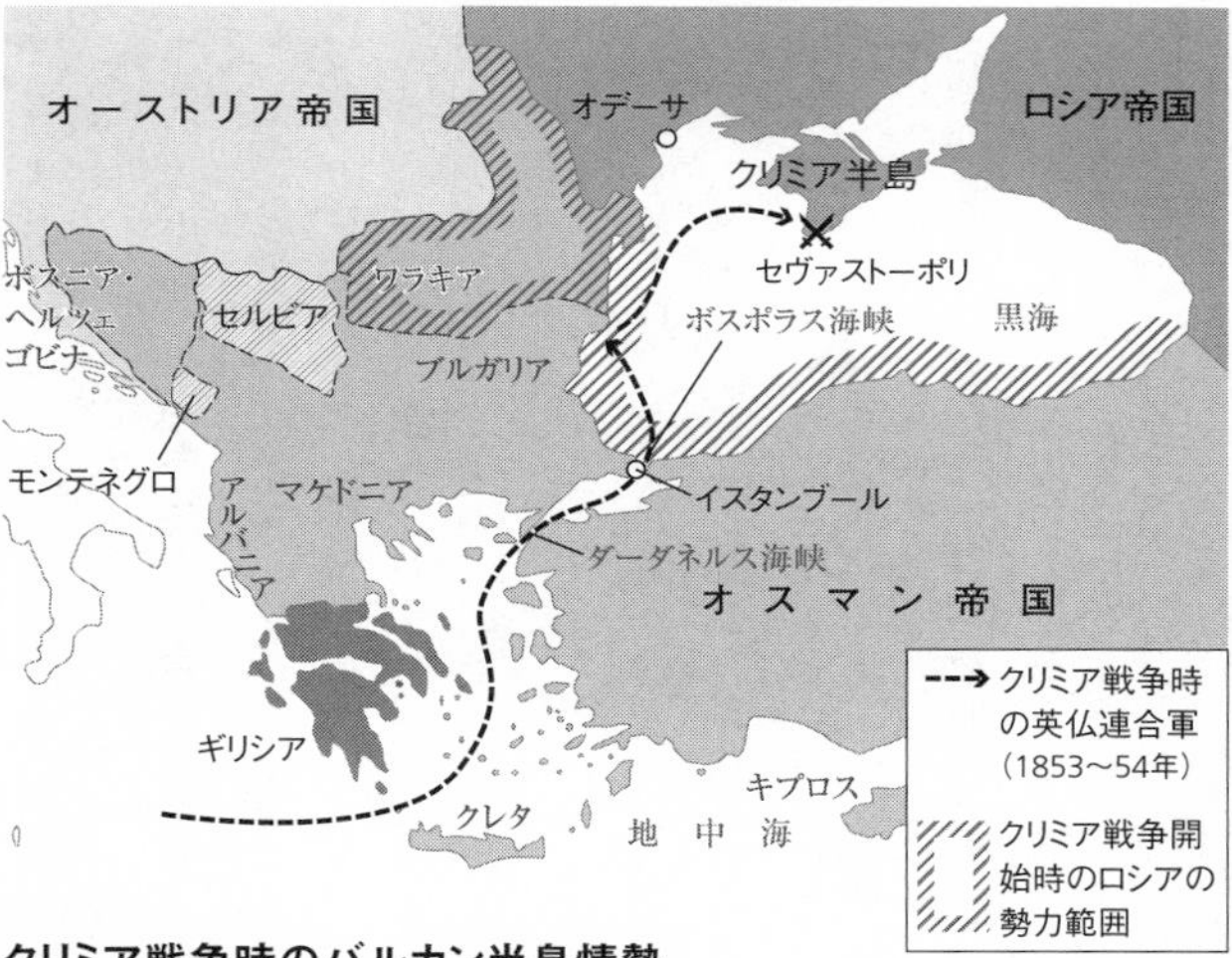

クリミア戦争時のバルカン半島情勢

一八五三年十一月、ロシア黒海艦隊が、トルコの軍港を急襲。トルコ艦隊を撃沈し、港湾を破壊した。このままトルコが敗れてしまえば、ロシアの脅威は止まらなくなると危惧《きぐ》したのがイギリスだった。一八五四年三月、イギリスはフランスと共にロシアに宣戦布告する。

戦いは三年に及び、戦死者はロシア軍一〇万人、イギリスら連合軍は七万人を超えた。

十九世紀、イギリスとロシアは世界の覇権をかけて争っていた。超大国同士の一進一退の攻防はチェスに見立てられ、「グレート・ゲーム」と呼ばれていた。クリミア戦争は、このグレート・ゲームの代表的な戦いだった。

しかし、グレート・ゲームは終わらない。

むしろ、世界の覇権争いと幕末日本は、分かちがたい関係へと発展していく。

クリミア戦争に敗れたロシアは、新たな戦略を打ち出す。極東への進出だ。日本を足掛かりに、巨大市場・中国（清）に食い込もうとしていたのだ。

アメリカのウィリアムズ大学で日露関係史を研究するビクター・シュマギン氏は語る。

「イギリスとロシアの覇権争いは、クリミア半島からアジアへとシフトしました。その戦いの舞台となったのが幕末日本です。両国は日本の国境付近で、激烈な攻防を繰り広げたのです」

こうしたロシアの動向をイギリスは注視していた。

中でも神経をとがらせていたのは、初代駐日イギリス公使ラザフォード・オールコックだ。一八六一年八月、イギリス外務大臣ジョン・ラッセルに宛てて送った書簡が残されている。

「ロシアが我々の中国と日本の海域において経済的利益を脅かす計画を抱いている。ロシアの行動を阻止するための手段をとらねばならない」

ロシアの極東での動向に過敏に反応した背景には、イギリスの世界戦略があった。

覇権を確立するため、日本を植民地と同じように重視していたのだ。

アメリカのペリー提督に遅れること一年、イギリス東インド艦隊司令長官のスターリングが日本に開国を求めやってきた。一八五五年十一月、日本の戦略的価値をイギリス本国に次のように報告している。

ラザフォード・オールコック（東京都写真美術館蔵／画像提供：東京都写真美術館/DNPartcom）

ジョン・ラッセル（写真提供：ナショナル・ポートレート・ギャラリー/ユニフォトプレス）

「去年の夏、日本の港を利用した際、我々の艦隊への物資補給や食料支援など資源供給は申し分なかった。日本は、アジアにおけるイギリスの植民地同様に有益な国である。戦時にはロシアや、アメリカ、さらには他の海軍力の弱い国々に対して、優位な立場を取ることができる」

イギリスが日本をこのように見なすきっかけは、一八四〇年、イギリスと中国との間で起きたアヘン戦争に関係する。

アヘン戦争は、イギリスが中国から大量の紅茶を買い入れるようになったことで、対中貿易が赤字になっていたことに端を発する。そこでイギリスは、インドで栽培された麻薬のアヘンを中国に密輸し、そこで得た銀で紅茶を買うようになった。この結果、中国ではアヘン中毒者が激増したことから、アヘンの密輸を禁止した。するとイギリスは中国に武力で対抗。こうして勃発したのがアヘン戦争で、勝利したのがイギリスだった。

　戦勝国となったイギリスは、巨大市場だった中国の権益を獲得。中国市場を他の列強から守るため必要だったのが、制海権だ。その確保のため横浜に艦隊を駐留《ちゆうりゆう》させ、にらみをきかせようとしたのだ。

　この制海権のイメージとしては、現在のアメリカ軍の極東戦略として、沖縄の重要性を示す「キーストーン・オブ・ザ・パシフィック（太平洋の要石《かなめいし》）」が想起しやすいかも知れない。アジアに有事が起きた際は、日本を地政学上、重要な戦略拠点とするものだ。

　前出のイギリス公使オールコックは、日本に来る前に外交官として中国にいた。一八四六年には上海領事、一八五五年に広東《カントン》領事をつとめるなど十五年にわたる駐在経験があり、イギリスのアジア権益を守ることを最大の使命としていた。それゆえ、極東に進出してきたロシアを極度に警戒していたのだ。

　なお、イギリスは日本を植民地と同様に重要な国と見なしていたのであって、日本を植民地にしようとしていた訳ではないという研究が近年主流になっている。ともあれ、アジアにおける覇権を盤石なものにしようとするイギリスの制海権に、ついにロシアが進出する事態が発生する。

ロシアの極秘作戦「対馬事件」

一八六一年、幕末史の転換点がやってくる。「対馬事件」だ。ロシア海軍の巨大軍艦が突如、長崎・対馬に出現し、島は大混乱に陥った。ロシア海軍は船を修理するためと停泊を続けた。これに対し、幕府はロシアに退去を命じる。対馬は当時、幕府が海外に開いていた港ではなかったためだ。このとき、交渉に当たったのが、今で言うところの外交官、外国奉行という役職を担っていた幕臣・小《お》栗《ぐり》忠《ただ》順《まさ》だ。

小栗忠順（国立国会図書館蔵）

右のようなことが、これまで対馬事件について公に知られていたことだ。しかし今回発掘した海外資料や現地調査からは、対馬事件のさらなる真相が明らかになってきた。

ロシアが船の修理のために停泊していたことは偽りで、海軍による軍事作戦が秘かに進められていた。そして、ロシアの行動を知ったイギリスは、危機感を募らせ、この問題に介入を始める。ついに日本は、イギリスとロシアの覇権争いに巻き込まれ、戦場となる危機に直面することになっていくのだ。

順を追って話を整理していく。まず対馬事件について、日本側に残されていた記録をもとに概要を説明する。

文久元年（一八六一）二月（旧暦）、海軍少佐ニコライ・ビリリョフが率いるロシア軍艦ポサドニック号が、長崎・対馬の芋崎《いもざき》に来航した。来航の理由の聞き取りに当たったのは、大目付の戸《と》田《だ》惣《そう》右《え》衛門《もん》。船長のビリリョフは、箱館から広東に向かう途中で長崎に寄港する予定であったが、船が破損したことから対馬に緊急避難したと語った。

このとき、ビリリョフは、修理に必要な木材の調達と、大工二〇人の雇用を申し入れた。

しかし、修理には二十日ほどかかるとビリリョフは言うも、その期日が過ぎても一向に、ポサドニック号が出発する様子はない。

そして、ビリリョフは対馬藩が派遣した筆談役の満山《みつやま》俊蔵《しゅんぞう》に藩主との会見を求めるとともに来航の意図を次のように述べている。「イギリスが対馬を占拠するために軍艦を差し向けようとしている。このことについてロシアの皇帝は国書を対馬藩主に届けたいと考えている。ロシアが対馬藩に加勢すれば、イギリスがやってきても対馬を守ることができる」という内容だ。

このビリリョフの発言に日本側は困惑する。

当時、イギリスが武力を後ろ盾に中国を影響下に置いていたことは対馬藩にも伝わっていた。

当時の日本からすると、隣国の中国で起こした戦争の影響で、イギリスは粗暴な国であるというイメージがとても強かった。

もし、本当にイギリスが攻めてきたら、アヘン戦争の二の舞になると危機感を覚えた対馬藩は、その真偽を確かめる必要に迫られた。

万が一、ビリリョフが言っていることが、本当だとしたら、ポサドニック号をむげに退去させることもできない。こうした状況の中、ポサドニック号は対馬に居座り続けていくことになった。

だが、ビリリョフが主張した、「イギリスから守るために対馬に来航した」というのは本当だろうか。その真相を探るため、今回、取り上げるのがロシアの機密文書だ。

取材を開始した当初、我々は現地での撮影を計画し、リサーチを進めていたが、その最中、ロシアによるウクライナ侵攻が勃発した。渡航は断念せざるをえなくなったが、研究者やコーディネーターたちの多大なる尽力で一次史料に接触することができた。

入手したロシアの機密文書は、書き殴ったようなキリル文字が多く解読に困難を要した。その中で少しずつ浮かび上がってきたのは、当時のロシア皇帝で軍事・外交で絶大な権力を持っていたアレクサンドル二世と、その弟で海軍元帥だったコンスタンチン・ニコラエヴィチの極秘の軍事作戦だった。一八六〇年、皇帝アレクサンドル二世へ上奏された計画にはロシア海軍

アレクサンドル2世（写真提供：ユニフォトプレス）

の苦衷が綴《つづ》られていた。

「世界にロシアの領土を拡張するのに海洋航路の発展はかかせない。しかし、ボスポラス海峡は封じ込められている」

　ボスポラスとは、トルコ・イスタンブールに面し、アジアとヨーロッパを隔《へだ》てている海峡のことだ。ロシアが黒海を通り、ヨーロッパへと進出するためには、この場所を通らなければならない。しかし、クリミア戦争で敗北したロシアは、この海域での影響力を失っていた。

　新たな不凍港を求め、極東への進出に方針を転換したロシアは、具体的なプランを策定していた。

「重要なのは対馬。中国へ通じる扉になる。この島を押さえれば、イギリスとの争いで優位に立てる」

　ロシア皇帝たちの覚書を要約すると、対馬が艦隊の基地として、この海域で最も優れていることや、負傷兵の手当をしたり、石炭を貯蔵したりする場所としてロシアにとって有利な立地にあることなど、有事を想定した検討がなされていた。

機密文書が明らかにしたロシアの対馬占領計画

対馬をロシアの影響下に置こうとする極秘計画。皇帝アレクサンドル二世は、「外交問題に発展することは避けたい」と懸念をあげていた。

これに対し、海軍元帥コンスタンチンは、「外交問題にしなければよい。海軍が独断で対馬を占領したこととし、既成事実を積み上げていく」と、強硬に計画を実行しようとしていたのだ。

機密文書が明らかにしたのは、ポサドニック号が船の修理のために対馬に来航したというビリリョフの主張は偽りで、来航は前もって周到に計画されたものであるということだった。史料からは、どのような指揮系統で、この計画が進められたのかもわかってきた。

ロシア本国にいる海軍元帥コンスタンチンと連絡を取り合うのは、ロシア海軍中国艦隊の司令長官イヴァン・フョードロヴィチ・リハチョフ。そして、リハチョフの指示で動く実行部隊だったのが、ポサドニック号艦長ニコライ・ビリリョフだった。

彼らの書簡からも、対馬占拠にかけるロシア海軍の挙動がありありと伝わってくる。

まず、海軍元帥コンスタンチンから中国艦隊司令長官リハチョフに宛てた書簡を紹介する。

書簡が書かれたのは、ポサドニック号が対馬に来航する以前の一八六〇年八月七日だった。

対馬の占拠は、ロシアが国家として行ったことではなく、現地のロシア海軍が独自に行ったようにみせるよう念を押している。

「対馬の問題は、外交的条約ではなく、海軍の私的契約という性格を持たなければなりません。問題は、我々が対馬に海軍の基地、自由港を建設できるかどうかということになります。そのためには、どのような外交も必要ではない。対馬藩との限定した交渉を行うか、もしくは、交渉を行わず既成事実を積み上げる方がよいでしょう」

そうした本国からの大方針を受けた中国艦隊司令長官リハチョフは、ポサドニック号の艦長ビリリョフに詳細な指示を出している。書簡の日付は一八六一年二月十四日、ロシア海軍が対馬に迫る直前の時期だ。

「対馬は、我々の領土と中国をつなぐ重要な島である。どこよりも早くこの島を調査しなければならない。そこにコルヴェット艦を停泊させ、対馬湾から対馬全体、さらには朝鮮へ至る海峡の詳細な航路の調査に取りかかること。航路の調査に留まらず、この辺境の状態と資源について必要な情報をすべて集めること」

対馬を海軍基地化する上で重要になってくるのは、海図の製作だ。潮の流れや座礁を防ぐために水深の測量などの調査を行うよう指示をしている。ビリリョフたちは対馬をくまなく調査しようとした。地元との衝突を引き起こしていることが記録に残っている。

対馬の調査を進めるロシア海軍は、島の水門をボートで突き破って進もうとした。言葉の通じない村人たちが石や薪《まき》を投げて、その行動を阻止しようとしたところ、ロシア海軍は発砲し、島民に死亡者が出た。この事件で堰《せき》を切ったようにロシア側は武力を後ろ盾に番所（警備や見張りのための施設）を襲撃し、武器や食料、建材を強奪したという。

緊張感が高まる対馬。ポサドニック号が対馬の芋崎を占拠してからも、リハチョフ司令長官は頻繁に指示をビリリョフ艦長に出している。一八六一年四月三十日の手紙では、対馬の軍事基地化を急ぐよう通達が出されていた。

「この海域で航海の安全を確保するためには、対馬の基地にロシアの軍艦一隻を常駐させる必要があると認識している。私からの特別な指令がない限りは決して対馬から動いてはならない。対馬の海岸を占拠し、ロシア海軍の基地を作る権利が我々に認められるまで問題が片付いたとは言えない。他国の陰謀を未然に防ぎ、アジアにおいてロシア海軍を発展させるためには、この計画は他に比べようがないほど重要である」

対馬の軍事基地化を急いだビリリョフは、対馬藩主と面会することを切望した。藩主と直談判し、対馬の土地を租借《そしゃく》することで実効支配を完全なものにしようとしていたのだ。

現代から見ると日本の一部である対馬の領有権を、その土地の責任者と交渉することで手に入れようとしていたというのは、今ひとつピンとこないかもしれない。

しかし、当時のロシアは幕末日本の政治体制を分析した上で、藩主との直接交渉に期待を寄せていたと、前出のシュマギン氏は語る。

「この時代、藩主は幕府からある程度、独立した権限を持っていました。ロシア海軍は藩主と直接、交渉し、対馬の領有権を奪おうとします。そうなれば、幕府が手を出すことができなくなると考えたのです」

江戸時代の政治システムは、幕藩体制と呼ばれていた。幕府は将軍のもとに中央集権的な政治組織を持ち、大名を統制していた。幕府は全国の一五・八％に及ぶ天領を支配していたが、他の藩地は諸大名の支配に任せていた。対馬も幕府が直轄する土地ではなかったことから、ロシアはそこにつけいる隙があると考えたのだ。

ロシアの機密文書では、対馬は琉球のように徳川幕府の影響力が及びにくい国境の土地だという分析がなされている。シュマギン氏は続ける。

「ロシアは、一八五三年にアメリカのペリー提督が浦賀にやってくる前に琉球を訪れ、その後アメリカが琉球と直接、捕鯨基地を持つ条約に調印したことも把握していました。こうした事例から、ロシアも対馬と直接条約を結ぶことが可能だと考えていたのです」

ロシア海軍が築いた軍事施設跡

対馬事件は、ロシアの入念な計画のもとに進められていたのだ。対馬がロシアの戦略上、どれほど重要な場所だったのか、フィールドワークの側面からもリサーチを進めた。取材班が乗船したのは、対馬で漁を行う吉村元嗣氏の漁船である。

「この対馬海峡を通る商船は、かなり多いなという気がします。多いときは大体一時間に二〇隻ぐらい」

対馬は九州と韓国の間の対馬海峡に位置する島。韓国までおよそ五〇キロ。江戸時代には対馬藩が幕府から朝鮮外交を一任されるなど独自の外交機能を担っていた「国境の島」である。

ロシアから見れば、対馬海峡を通ることが、中国へと至る海洋ルートとして最短距離になる。逆に対馬海峡を通れなければ、ロシアは一度、太平洋に出て大回りをしなければならない。イギリスが幅をきかせるアジア権益に、ロシアが食い込むためには橋頭堡《きょうとうほ》として対馬を手中に収めなければならなかったのだ。

取材班が対馬を訪れたのには、もう一つ理由がある。専門家による現地調査が行われるからだ。日本大学教授で軍事史を研究する淺川道夫氏と、対馬史を研究する小松津代志氏が百六十年前、ロシア海軍がこの地に残した痕跡を探した。

月に二度、潮が大きく引くタイミングが訪れる。そこを見計らい、カメラを設置し、タイムラプス機能で海底に沈んだ謎の構造物が顔を出すのを待ち構える。見えてきたのは、護岸工事の跡。調査の結果、ロシア海軍が建設した軍事施設であることが判明した。

両研究者は「この石垣がきれいに残っています」「これは人為的なもの。どう考えたって」と興奮を交えて調査を続けた。地元の人でもめったに立ち入らないという崖沿いからは、幅二〇メートルにわたる石積みの跡が初めて見つかった。

ここにはロシア海軍の司令部があったと考えられている。ほかにも、ロシア軍は入り江を取り囲むように砲台や見張り台を建設していた。ロシアが拠点とした入り江・芋崎浦は、奥まった位置にあり対馬海峡からは見えない場所にある。

淺川氏は「ロシア軍は、軍港として最適な地形を選んで占拠している」と語る。

現地調査から見えてきたのは、ロシア海軍による対馬の軍事基地化である。そのことは、ロシアの機密文書からも裏付けることができる。五月四日、リハチョフ司令長官からコンスタンチン海軍元帥へ送られた書簡には、対馬の地図が添付され、芋崎を中心に建物の建設が始まっていることが報告されていた。

「添付する対馬の地図には、我々が占拠している場所が赤く記されている。芋崎は、あらゆる点から考えて、全世界の艦隊を収容できるほど巨大な湾を築くために最も有利な場所だ。ここでは船舶作業のための納屋、病院、菜園など臨時施設の建設が始まっている。必要な資材と労

対馬のロシア海軍の護岸工事跡（写真提供：NHK）

幅20メートルにわたる石積みの跡（写真提供：NHK）

働力は、契約料金で日本人が提供してくれる。対馬の湾岸で我々が占拠している地点は、もし我々が返還を望まないのであれば、永久的にロシアのものになるであろう」

このリハチョフ司令長官の書簡には続きがある。対馬藩主と独自に交渉し、対馬をロシアのものにするという方針は変わっていない。ただ、現地で対馬藩主の様子を観察するに、すぐさまロシア海軍に屈服し、庇護《ひご》を求めるとは考えにくいので、徳川幕府を巻き込むことが、より我々のためになるかもしれないと報告していた。

「対馬藩主との交渉に関して言えば、藩主が自らの領地をロシアに譲渡し、我が国の庇護を受けようとする決断を簡単にするとは思えない。藩主の妻と息子は、幕府の人質として江戸で暮らしている。それゆえ、徳川幕府との直接交渉なしに我々が、法的にこの島の占拠を確実なものにすることはできないと考えている。この問題を極秘にしておこうという我々のあらゆる努力にもかかわらず、他の列強が対馬に注目する事態を危惧しなければならない」

リハチョフ司令長官は、イギリスなど他の列強が対馬にやってくる前に、対馬の支配を盤石なものにしたいと申し出た。そして、次のような方針で徳川幕府の説得に当たりたいとプランを書いている。

1．ロシアにとって非常に重要な目的は、日本が他国から独立を保ち、領土を保全していくことである。我々の意図は、日本を弱体化させる列強の企てを未然に防ぐことのみであることを幕府に納得させる。

2. 対馬にロシア海軍の基地を作ることは、既定したことであり、我々が放棄することはない。我々が日本に力を貸す証となるので、対馬の租借について幕府は歓迎すべきである。

3. 対馬藩主がロシア海軍と私的契約を結ぶことに同意するよう徳川幕府を説得する。

ロシアが対馬を占拠することは、徳川幕府にとってもメリットがあるということを納得させようというのだ。はたしてロシアの目論見はこの先、どうなっていくのか。

機密文書には、この後、ロシア海軍と対峙する幕府の代表者の名が記されていた。幕臣・小栗忠順だ。小栗は幕府の使節団としてアメリカへ渡るなど、経験豊富な外交官だった。

幕臣・小栗忠順vs.列強

小栗忠順とはどんな人物だったのか、簡単に経歴を紹介する。

文政十年（一八二七）、小栗は神田駿河台に名門旗本の嫡男として生まれた。

歴史の表舞台に登場するのは万延元年（一八六〇）、日米修好通商条約批准《ひじゅん》の使節に抜擢されたときである。

役職は使節一行を監督する「目付」。小栗の才覚を認めた大老の井伊直弼が直々に指名したと言われている。アメリカの軍艦ポーハタン号に乗船し、太平洋を横断する二カ月の航海で首都ワシントンに到着。大統領に国書を奉呈した。アメリカの新聞には、使節団として訪米した小栗が、西洋の先進的な技術を学ぼうと、海軍造船所や造幣局を訪れている記事などが掲載されている。

アメリカから帰国した小栗が、すぐに直面したのがこのロシアの問題だった。

幕府の要請を受け、小栗は対馬に急行。ロシア海軍の軍艦ポサドニック号に乗り込むと、数百名のロシア兵にひるむことなくビリリョフ艦長に退去を命じた。

しかし、ビリリョフ艦長も一筋縄ではいかない。

「イギリスが対馬を狙っている」「船の修理のお礼を藩主にするため、面会を求める」と述べ続け、退去には応じなかった。

ロシア側は対馬の占拠について、徳川幕府を説得するべきかと迷っていたが、小栗を前にその話を切り出すことはなかった。

前出のシュマギン氏は、小栗の名声はロシアにも届いており、警戒していたと語る。

「ロシアは、小栗が海外情勢を熟知した非常に優秀な人物だと見なしていました。外交交渉に長けた小栗は敵に回したくない相手だったのです。ロシア本国はビリリョフ艦長に徳川幕府を代表する小栗と交渉を行わないように指示していました」

ロシアの警戒は、これにとどまらない。本国はビリリョフたち船員に、対馬での滞在理由を第三者に開示しないよう、次のような誓約書を書かせていた。

「我々、下名は、上司の要求の結果、対馬での滞在について、誰にも正直な言葉で何も言ったり書いたりしないこと、そして、上官がこの秘密の保持の必要性を認識するときまで、この島について我々が知っているかもしれないすべてのことを一般的に秘密にすることを約束します」

本心を語らないロシア軍に対し、小栗は現地での交渉に見切りをつける。

江戸に戻って、ロシアとの問題を抜本的に解決するためだ。小栗が老中・安藤信正《のぶまさ》に提案したのは、対馬を幕府の直轄領とし、対馬を開港するアイデアだった。対馬は海上交通の要、開港すれば各国の船が押し寄せることが予見された。そうすれば、ロシア一国が対馬を占拠することは不可能になると考えたのだ。

しかし、小栗の提案は、幕府には受け入れがたいものだった。

当時、開国によって攘夷派が台頭していた。対馬を開港すれば攘夷派からの批判が高まり、国内情勢がさらなる混乱に陥ることは必至だった。ロシアを退去させたいが、対馬を開港することもできない。こうした硬直する事態を動かしたのはイギリスだった。

駐日公使オールコックは、幕府に次のような提案を働きかけていた。

「イギリスの軍艦を対馬に差し向け、その圧力でロシア海軍を退去させることに協力する」

小栗はイギリスの提案を受け入れることは「目の前の虎を追い払うため、狼を迎え入れるようなもの」と反発する。しかし、幕府はイギリスの提案を受け入れる決断をする。

ロンドン・スクール・オブ・エコノミクス（ＬＳＥ）教授で国際関係史を研究するアントニー・ベスト氏は、幕府の決断は致し方のないものだったと評価する。

「徳川幕府には、ロシアと直接対峙する強力な軍事力はありません。それゆえに現実問題として、日本の領土を守るため最も有効な戦略は、帝国間の軋轢《あつれき》を利用することです。ロシアの対馬占領に対してイギリスを介入させれば、イギリスの力を使い、ロシアを退去させることができるからです」

イギリス公使オールコックが、ロシア海軍を対馬から退去させることに協力を申し出たことには、イギリスのアジアでの権益を守る意図に加えて、浅からぬ因縁がある。

実は、オールコックも対馬をイギリスの影響下に置くことを構想していたのだ。

「対馬を海軍基地にすれば、日本海と中国近海における南方出口を握ることになる。ロシアと争う際には、対馬は我々の巨大貿易相手国である中国を守る盾になる。ロシアの進出を封じることができる」（本国に宛てた書簡）

ロシアが対馬を占拠する以前、イギリスのアクティオン号は、対馬の測量調査を行っている。調査の意図は海図を作り、イギリスの軍港を建設することに向けての基礎情報を集めることだった。オールコックは、いずれロシアが中国に進出してくると予期していた。将来のロシアとの戦争を視野に入れ、イギリスが優位に立つためには、ロシアよりも先に対馬を手中に収めることが重要と考えていたのだ。

英露のグレート・ゲームに巻き込まれた日本

イギリスのこうした行動がロシアの対馬占拠を誘発したのではないかと、とらえる研究者もいる。その一人が日露関係史を研究するシュマギン氏だ。

「イギリスが対馬周辺の海岸の深浅測量と地図作成を行ったことをロシアはすべて知っていました。ロシア側はイギリスの行動を挑発行為と見なしました。イギリスが対馬に進駐する前哨戦と見ていたのです」

対馬を手中に収めようとしたイギリス。イギリスが行動を起こす前に対馬を占拠したロシア。これに対し、イギリス政府内では強硬論に火が付いた。

駐日公使オールコックは、外務大臣ラッセルに「我々は軍事介入を視野に入れるべきだ」という過激な報告書を送っている。

ポサドニック号艦長ビリリョフが小栗に語った「イギリスが対馬を狙っている」という内容は正鵠《せいこく》を射ていたようにも思える事態である。

アメリカ歴史学会の会長を務めたシカゴ大学教授ケネス・ポメランツ氏は、当時の日本が置かれていた状況をこう表現する。

「幕末日本は悪夢に襲われたような状況でした。覇権争いを続けるイギリスとロシア、どちらの陣営につくのか。日本は、望むと望むまいと重大な決断を下さざるをえなくなったのです」

世界屈指の軍事大国だったイギリスは、幕府の同意を得たことで、戦艦を対馬に急行させた。

イギリス東洋艦隊の軍艦二隻が対馬に回航し、示威行動を行う。イギリスとロシアの覇権争い、グレート・ゲームに巻き込まれた日本は、戦場となる危機に直面することになる。

まさに一触即発の事態。しかし、ロシアにとってもイギリスがこうも素早く介入してくることは想定外だった。イギリスは、対馬での威嚇行動に加え、外交ルートでもロシアに抗議した。

イギリスの駐ロシア大使ネイピアは、ロシア外務大臣ゴルチャコフのもとを訪れ、対馬での出来事を非難するとともに、「今後このような事態が起きないよう、日本周辺での領土獲得を行わないよう条約を結ぼう」と働きかけた。

ネイピアの申し出は、ロシアにとって不都合だった。もし条約を結んでしまえば、ロシアが今後、イギリスのアジア権益に食い込むことは、いっそう難しくなるからだ。

ゴルチャコフは、「領土的な野心があるわけがない。条約を結ぶまでもない」と応答。そして、対馬でロシア海軍が起こした行動は、現地の兵士が独断で動いたもので本国の指令ではないと、しらを切り続けた。

このときのロシア側の対応も素早いものだった。

外交ルートで抗議を受けたときには、すでにロシア海軍は対馬から撤退していた。

今回の一連の極秘作戦を行う際、ロシア皇帝アレクサンドル二世は、大きな外交問題に発展することを回避したい意向を示していた。それを受けて、海軍元帥コンスタンチンを始めとするロシア海軍は、イギリスとの軋轢を最小限に留めようと、対馬での軍事的な対立を避けたのだと、シュマギン氏は語る。

「ロシア皇帝は、対馬占拠が外交問題に発展しないことを条件として、計画にサインしました。皇帝は、対馬を占拠することで日本との軋轢が生じることには懸念を示していませんでした。恐れていたのは、イギリスとの対立でした。もしイギリスが対馬のことで騒げば、それは別の戦争のリスクへと発展しかねないのです。クリミア戦争で敗れたばかりのロシアは、再びイギリスと戦争をする準備ができていなかったのです」

一八五六年にロシアがクリミア戦争で敗北してから、わずか五年後の一八六一年に起きた対馬事件。イギリスとの軍事的対立は時期尚早としたロシア皇帝の決断が、日本が戦場となる一触即発の事態を回避することにつながったのだ。

　ポサドニック号は、対馬を離脱した。その頃の様子を記したリハチョフ司令長官からコンスタンチン海軍元帥への報告書が残されている。ロシア側からは、日本とイギリスの関係性は、このように見えていたのかと考えさせられる一文なので紹介しておく。

「江戸ではイギリスの怒りに徳川幕府が震え上がる事件が起こった。水戸の浪人がイギリス公使館に夜襲をかけ、二人の公使館員を負傷させた。幕府はオールコック公使をなだめるために、あらゆることに譲歩する姿勢をとった。そのなかで、我々がわかっているのは、イギリスに独占的に日本の海岸を調査する権利を与えたことである。

　八月、イギリス艦隊司令官ホープが対馬に到着。次のように通告した。ポサドニック号の対馬滞在は条約で認められておらず、江戸で不安を生み出しており、そのために我々、外国人すべてが迷惑しているというのだ。今日まで私的契約の姿をとっていた問題、なんらかの文書を日本と交換する口実を与えていなかった問題は、ロシア政府が望んでいなかった外交的土壌に移った。こうして、対馬における我々の事業は支障をきたしたので、ロシア政府の許可が出るまで、この事業を中止するのが私の義務と考えた」

　超大国のグレート・ゲームの狭間に立たされた日本は、こうして危機を脱することになる。しかし、幕臣・小栗が「目の前の虎を追い払うため、狼を迎え入れるようなもの」と危惧した通り、この先イギリスは日本への干渉を強めていくことになるのだ。

第2章　イギリスの対日全面戦争計画と下関戦争

イギリスが計画していた日本との戦争

「江戸攻略にさほどの困難は見受けられない。攻略に必要な兵力は歩兵一万二〇〇〇、騎兵五〇〇である」

取材班が訪れたのはロンドン。イギリス国立公文書館の学芸員ウィル・バトラー氏は、書庫から一冊のファイルを取り出し、カートに載せて慎重に運んできた。表紙には「日本における我々の立場に関する軍事覚書」と飾り気のない文字がタイプされていた。ページをめくると、「a war with Japan（対日戦争）」という驚くべき内容が目に飛び込んできた。

日本との全面戦争を想定した詳細なシミュレーションが記されていたのだ。

この対日戦争シミュレーションをまとめたのは、ミシェル陸軍少将とホープ海軍少将だ。二人は、イギリス・フランスと中国との戦いとなったアロー戦争で活躍した陸海軍遠征部隊のメンバーであり、日本にも駐留した経験があることから、極東への軍事戦略の立案を命じられていた。

イギリス政府では、外務省・陸軍省・海軍省が日本との開戦を具体的に想定し、日本への上陸作戦やそれに伴う必要な兵員や物資の輸送計画の策定を始めていたのだ。

なぜ、このような戦争シミュレーションが行われていたのか？

本章では、イギリスの対日戦争計画の全貌を明らかにする。

イギリスの計画では、江戸や京都を大兵力で制圧する想定がなされていた。資料が作成されたのは一八六四年。この年、幕末日本では、イギリス率いる連合軍と長州藩が軍事衝突する下関戦争が勃発した。これまでは、あくまで局地的な戦いと思われてきたが、機密文書からイギリスは、この下関戦争の水面下で、日本との全面戦争を視野に入れていたことが判明したのだ。

国家存亡の危機に、立ち上がったのは、海外情勢に精通する幕臣・小栗忠順に、のちに幕府海軍を率いることになる勝海舟、そして最後の将軍となる一橋慶喜だ。彼らが国を守り抜くためにとった起死回生の策とは、どのようなものだったのか物語を紡いでいく。

対日戦争シミュレーション二一項目

まず、イギリスの機密資料に記された対日戦争シミュレーションの内容を紹介する。

「日本における我々の立場に関する軍事覚書」は、日本の都市をどのように攻略すべきか簡潔な箇条書きで記されている。全部で二一項目の検討がなされており、まずはその内容をかいつまんで紹介していきたい。

1．日本の政治的事実として、ほとんどの大名が我々に対して敵対的であると考えられる。

天皇も敵対的である。徳川幕府は揺れている。大名よりも下の階級、封建的な家臣ではない人々で、貿易を営む人々は西洋との関係におおむね好意的である。

2．日本との戦争になった際は、我々の目標は戦争遂行となる。報いを受けることになるのは徳川幕府や大名である。一方で、貿易関係者は保護されるであろう。そうすることで、平和が再び訪れた際には、大部分を占める日本の市民との間に友好関係を結べる可能性がある。

3．日本の街はほとんどが木造である。そのため、やむをえないとき以外は、砲撃は避けなければならない。

4．日本との戦争が勃発するケースは、三つ想定される。

一つ目は、特定の大名が我々に反抗する場合。

二つ目は、天皇と一部の大名が敵対してくる場合。

三つ目は、徳川幕府が我々に宣戦布告する場合。

5．一つ目の場合は、敵対する大名の位置が判明するまでは、軍事的な意見を述べることはできない。日本は近代的な軍事行動には不向きである。国土の多くはスイスの地形をゆるやかにしたようなところであるが、スイスのような良い道路は存在しない。

遊撃戦に適しているため、我々が内陸部に位置する大名を攻撃するケースは、相手から奇襲攻撃を受けやすいなど多大な困難とコストをともなうことになる。

　おもに被害を受けるのは不運な住民たちであり、我々が得られるメリットは疑わしいものがあることから、徳川幕府に大名の行動に対する責任を取らせることが順当である。

一方、海岸付近に拠点を持つ大名を攻撃するケースは、我が海軍によって道理を悟らせることが容易である。

6.

二つ目の天皇と一部の大名が敵対してくる場合について。

最初に試みるべきと考えられるのは、すべての港と瀬戸内海の封鎖である。封鎖作戦を行っている間に、イギリス艦隊は大坂まで進攻することができる。

大坂は瀬戸内海貿易の重要な商業中心地であり、攻略が必要となる。

最終的には、天皇の都・京都を攻略しなければならない。

イギリス公使オールコックは大坂に滞在しているとき、海軍士官を小艦隊で兵庫へ派遣した。その士官の報告では、航海は滞りなく行えると報告されているが、私は懐疑的である。

　報告にあった艦隊は陸軍部隊の協力があったからこそ、兵庫まで強引に通過することができたのであろう。

7.

私が大坂攻略のために要請するのは、歩兵一万二〇〇〇、騎兵・砲兵五〇〇。

軍事作戦は時期を選ぶ必要がある。軍団が最初に集結するのは中国、そこの気候がおだやかな時期に合わせるべきである。また、兵庫から大坂への道には水田があるが、そこにマラリアが発生していない時期に作戦行動を取りたい。

台風の時期も避けるべきである。適切な季節風が吹く時期に決行されるのが望ましい。

これらの条件がすべて適切なのは、三月にインドからイギリス軍を派遣し、四月に香港に集結、五月に日本へ軍を進めることである。食料と軍需品はあらかじめ準備しておき、輸送手段を構築し、重量物は船積みしておくべきである。

兵や物資を香港に長く留め置くことは、特に避けるべきである。

兵庫を上陸地点として、作戦基地をここに築くことが重要だ。イギリス海軍によって兵庫への部分的な上陸作戦を決行し、その後に陸軍による作戦基地の展開をはかるべきだろう。

大坂から兵庫への経路を調査したことのあるイギリス公使オールコックの報告から分析すると、海軍によって沿岸から右サイドを援護していれば、陸軍の行軍に特別な障害はないと想定している。

行軍のため渡らなければならない川はいくつか存在するが、川底はしっかりしており、深さもそれほどではない。

8. 私が日本にいたときに知り得た情報では、京都は大坂から三五マイルほどにある。町や村の家並みは切れ目なく続き、長い橋が架けられた巨大な運河が道路と交差している。経路を閉ざしているのは、日本最強の城塞である大坂城だ。

　きわめてはっきりしていることは、京都への行軍には、大幅に兵員を増強する必要があることだ。そうしなければ、大坂を占拠し続け、後方と連絡手段を確保することができない。

　イギリス海軍が大坂に到達し、完全に占拠しなければならない。艦隊の大部分は輸送と海上封鎖のために必要となってくる。京都への行軍は、私が想定するよりも敵軍の防備が薄く、手強くない場合は、すみやかに行われるかもしれないが、見込みとしては五〇〇〇の兵員追加が必要とされるだろう。

　新たな兵員を準備し、日本人に考える時間も反撃の準備を与える間もなく、速やかに行軍することが我々にとってメリットが大きい。長期間にわたり軍隊を養っていくコストを避けることもできるし、駐留軍に病気が蔓延《まんえん》するリスクも軽減できるだろう。

9. 対日戦争で最も主要な問題は食糧と輸送である。積み荷を運ぶ家畜や人足を現地で調達できるとは考えられない。日本の馬は推奨できない。

10. 輸送手段として最もコストが良いのは、ラバである。ボンベイ（現、ムンバイ）からラバを扱う御者も従軍させることが望ましい。

11. 残りの輸送手段は中国で調達しなければならないが、その構築の難易度は現状では見通すことはできない。

12. これらのことから京都への進攻には、膨大な輸送手段が要求されることを念頭に置く必要がある。大坂への行軍の際に、渡らなければならない川にボートを出して、艦隊から物資を供給することが可能だとわかれば、輸送手段を減らすことはできる。

現在、中国と日本にいるイギリス軍は、戦時における後方支援物資を調査しているところであるが、想定するには、米と木材を除けば、ほとんどの物資は中国から供給する必要があると思われる。

13. 大坂と京都をイギリスが占拠したケースについて。

もし、天皇や大名が都市を制圧されても屈服しなかった場合は、その後も京都を我々が占拠し続けるには食糧輸送の問題があるため、大きいコストを支払うことになる。

いずれにせよ、現状の情報では推測を重ねることは無意味である。

14. 三つ目の徳川幕府が我々に宣戦布告する場合について。

最初に江戸、大坂、瀬戸内海の港を封鎖することが得策と考える。私はこの軍事作戦を遂行することを推奨する。

15. 江戸の攻略には困難は見受けられない。

　イギリス海軍が最初に攻略しなければならないのは、進路の要衝を押さえる要塞群（品川台場）である。江戸攻略に要請したい兵力は、歩兵一万二〇〇〇、騎兵五〇〇、強力な砲兵部隊。作戦基地は横浜と神奈川になる。神奈川の近くには部隊の野営に適した土地がある。

　江戸への行軍は二日を要する。行軍中の物理的な問題と言えば、半マイルほど木が茂った丘の側面を迂回《うかい》することと、川（多摩川）を渡らなければならないことだ。

16. 江戸に軍を進めたら、イギリス公使館から二、三マイルに位置する丘（愛宕山《あたごやま》）を奪取すべきである。

　この丘から江戸中央部の広大な城塞を見下ろすことができるので、ここから城塞を砲撃すべきである。この城塞には、数マイルに及ぶ堀があり、その幅は広く深く水が張られている。堀の内側には大きな石垣や芝が整っている。城塞内部には大名や武装した家臣、兵隊がひしめいているが、建造物はすべて木造建築である。（砲撃を加えれば火災が起こるため）敵勢力が城塞内で長時間生存することは不可能であるというのが私の意見である。

　この城塞の内側（本丸）に将軍が住んでいる。ここは城壁から砲撃が可能であるため、落城は容易であると考えられる。

17.（＊注：欠番。16番の次が18番になっている）

18.江戸城を攻略した後、城の占拠を継続し、神奈川との連絡経路を防衛するには大規模な兵力が必要となる。三〇〇〇から四〇〇〇人はさらなる作戦行動に備えておくべきである。

19.江戸と大坂の両方を攻略することは、コストもかさむことから、そのシミュレーションを想定する必要はないと考えている。

20.江戸か、それとも大坂を攻略するのか。いずれにしても次のような封鎖計画が得策であると考えられる。

21.結論として明確に理解すべきことは、江戸や大坂の攻略は、京都の攻略に比べれば、さしたる困難はないということである。

　輸送面についていえば、京都攻略と比較して、江戸攻略は四分の一で、大坂は三分の一で補うことができる。江戸についてはイギリスの輸送車両が役立つと考えられる。

　京都への軍事侵攻については、ほかのあらゆる手段が試された後でなければ賛同はできない。このコストは莫大なものになるだろう。

以上が、ミシェル陸軍少将が策定した「日本における我々の立場に関する軍事覚書」の内容である。淡々と、どうすれば日本を効率的に屈服させられるかをひたすら検討している。

だが、これで戦争シミュレーションは終わりではない。ミシェル陸軍少将の報告に応える形で、次はホープ海軍少将が「インドから日本への遠征部隊輸送に関する覚書」を策定している。行軍に必要とみなした陸軍の兵員と物資をインドから日本まで輸送する艦隊のスケジュールやコストを見積もったものである。

十九世紀は蒸気船が活躍した時代とはいえ、その数には限りがあり、物資の輸送には帆船も用いられていた。帆船を滞りなく動かすには季節風を計算に入れる必要があり、その想定を箇条書きで記したのが、この覚書である。その内容をかいつまんで見ていく。

1. 遠征を行う時期を決定するには、インドで港に移動させた兵員を、シンガポールと香港を経て日本に輸送する際に、もっとも好ましい気候を選び出すことが重要になる。

2. 兵員は北東季節風が終わった直後にシナ海を抜けて香港まで前進することが確実となるように、シンガポールには早い時期に到着する必要がある。通常ならば四月一日が、この必要条件を満たす日となる。この結果として、ボンベイでの兵士の乗船は三月一日よりくだることはない。乗船段階の行軍には涼しい気候、シンガポールの渡航には晴れた気候が確保されることになる。

遠征部隊の大部分は、おそくとも四月十五日には香港にいるべきで、五月一日には準備を整え、南西の季節風を待って日本へ前進すべきであろう。二週間で到着する。したがって、軍事行動は夏に行われることになる。暑さが何か問題を起こすとは想定していない。長時間の日照、雨が少ないことは軍隊の作戦行動だけでなく、香港やシンガポールなどからの補給品の輸送にいっそうの便宜をもたらすであろう。

3. もし季節風の状況から必要となれば、ボンベイからの兵士の輸送は、インド政府が供給する蒸気船で曳航《えいこう》すべきである。順風となる季節風を受けるまで遠征部隊は香港から外海まで曳航されることになる。もし風が凪《な》ぐことになれば、日本へ到着するまで曳航を続ける。

4. 帆船の経費を一ポンドと仮定すれば、蒸気船の経費はトン当たり月二ポンドとなる。

蒸気船を一、帆船を三の割合とした船団はトン当たり経費一・二五ポンド。

蒸気船を一、帆船を二の割合とした船団はトン当たり経費一・三三ポンド。

蒸気船を一、帆船を一の割合とした船団はトン当たり経費一・五ポンド。

蒸気船の比重が大きくなるほど、船団が効率的になることは明白ではあるが、順風となる季節風のもとでは、蒸気船と帆船の比率は一対三の割合で十分と考えられる。

戦艦を除き、好天という仮定の条件ならば、蒸気船は帆船三隻を曳航することが可能だ。

5. 遠征部隊が目的地により早く到着するためには集合基地が必要となる。同様に、予備軍の基地も考えなければならない。オオシマ（＊注：紀伊大島）の入り江は広々としていて陸地で囲まれ、出入りはたやすく、瀬戸内海から六〇マイルの距離にあり、最適である。

ホープ海軍少将による「インドから日本への遠征部隊輸送に関する覚書」には、右に列挙した以上に、海外の土地の名前や専門的な言葉が頻出しているが、それだけ具体的な対日戦争計画へのコストを見積もったものになっている。

結論として、イギリスが中国と戦ったアロー戦争にかかった軍事費をもとに、対日戦のコストを次のように算出している。

〈輸送コスト概算〉

歩兵及び工兵：一万二〇〇〇

騎兵　　　：五〇〇

馬　　　　：五〇〇
砲兵隊　　：六七五
人足　　　：二〇〇〇
輸送用家畜：五〇〇
計：一万五一七五人／一〇〇〇頭

この軍団をトン数に換算すると、八万二一五〇トンとなる。

輸送船の四分の一を蒸気船にすると仮定すると、月々の経費は、約一〇万二六五〇ポンドとなる。月の経費およそ一〇万ポンド。

これが、イギリスが日本と戦争を行う際にかかると想定した必要経費である。

イギリスの自由貿易帝国主義

ここまで見てきて、次のような疑問を持つ方もいるだろう。

この時代、幕末日本とイギリスは貿易を通して交流を深めていたのではなかったのか？

それにもかかわらず、なぜイギリスは戦争シミュレーションを作ったのか？

それを理解するには、「自由貿易帝国主義」と呼ばれる当時のイギリスの対外政策を知る必要がある。

自由貿易帝国主義とは、自由貿易主義と帝国主義を合わせた概念である。

一般的に自由貿易とは、保護貿易の反対の意味で、生産者や商人の自由にゆだねられ、国家の介入や統制を認めない貿易のことを指す。

帝国主義とは、軍事力や経済力を後ろ盾に、他国を従属国や植民地に転化する政策などのことを指す。

自由貿易帝国主義とは、この二つの側面を使い分けたり、補い合ったりしながら、イギリスの影響力を世界へ広げていく政策のことを指す。

当時、イギリスは産業革命により、経済市場をリードする立場にあった。自由貿易を行えば、大量で安価な製品を保有するイギリスが、トップに立てることは自明の理であった。だから、イギリスは自由貿易圏を世界に押し広げることで、より強大な力を得ようとしていたのだ。

これに対し、自由貿易を行わない相手、すなわち保護貿易の国と貿易を行う場合には、イギリスに貿易赤字が発生するリスクがあった。この場合、イギリスは帝国主義的な立場から、相手国の保護貿易を撤廃させるように、圧力をかけた。そして、その圧力にも応じない場合は、直接的な武力でもってイギリスの言うことを聞かせる手段を取った。すなわち、植民地や従属国にすることで強制的にイギリスに従わせるのだ。

機密資料から判明したイギリスの戦争シミュレーションは、この自由貿易帝国主義と深く結びついている。相手国がイギリスとの自由貿易を素直に受け入れれば戦争の必要はない。その反対に、相手国がイギリスとの自由貿易を受け入れない場合は、戦争シミュレーションにのっとり、軍事力を行使するというものだ。

それでは当時、幕末日本は、軍事力の行使が必要か否か、イギリスからどのように見えていたのだろうか？　イギリスと日本を取り巻く貿易環境に分け入っていく。

イギリスは一八五八年、徳川幕府と修好通商条約を結び、自由貿易に向けた扉は開かれたはずだった。しかし、いざ貿易を開始すると、日本国内の政治的不安が顔を覗かせてきたというのが、イギリス側のいつわらざる心境だろう。

頭痛のタネは、外国勢力を武力で打ち払おうとテロを頻発させる攘夷派の存在だ。

開港直後の外国人襲撃事件を列挙してみる。

一八五九年、ロシア海軍少尉と水兵が横浜で殺害される。

同年、フランス副領事の中国人召使が、横浜で斬殺される。

一八六〇年、イギリス総領事館の通訳が殺害される。

同年、オランダ人船長が横浜で斬殺。アメリカ公使館の通訳も暗殺される。

一八六一年には、イギリス公使オールコックも、水戸藩脱藩の攘夷派浪士の襲撃を受ける。

これを第一次東禅寺事件と呼ぶ。

徳川幕府は外国人襲撃を防ごうと各国の公使館を一カ所にまとめて警備を強化しようと試みる。新たに品川御殿山にイギリス公使館を建設するも、長州藩の尊王攘夷派、高杉晋作、井上聞多《もんた》（のちの馨）、伊藤俊輔《しゅんすけ》（のちの博文）らによる焼き討ちに遭い、あっけなく焼失することになる。

一八六二年、イギリス公使館に対する二度目の襲撃、第二次東禅寺事件が勃発する。事件は、幕府から公使館の警備を命じられていた松本藩士が攘夷に駆られ、引き起こしたものだが、これによりイギリスは、攘夷派と徳川幕府がつながっているという疑念を持つようになった。

同年には、横浜近くの生麦《なまむぎ》村において、薩摩藩主の父・島津久光《ひさみつ》の行列に割り込んだ騎馬のイギリス人に対し、供回りの藩士が斬りつけ、一人が死亡した。生麦事件である。この事件は、それまでの攘夷事件が軍人や外交官に向けられていたものと異なり、はじめて民間商人が被害者になったことに特徴がある。世界最古の日刊新聞、イギリスのタイムズ紙はその衝撃をこのように報じている。

「外国人居留民はイギリス領事を議長として深夜の集会を開催した。そこでは薩摩藩の大名・高官たちの身柄を拘束するために、海軍当局に兵士一〇〇〇人の上陸を要請することが満場一致で議決された」

被害に遭った居留民たちは、薩摩への厳しい措置を要求。イギリス政府は、幕府に対して謝罪と賠償金一〇万ポンドを求めた。さらに、薩摩藩に対して犯人の処刑と賠償金を求めて、新暦一八六三年八月十一日、蒸気軍艦七隻からなるイギリス艦隊が鹿児島湾に押し寄せた。翌日には薩摩藩に要求書を手交し、二十四時間以内の回答を要求した。薩摩側は会談に応じる様子を見せつつも、戦闘準備を進めていた。回答期限が過ぎた八月十五日、イギリス側が薩摩の蒸気船を拿捕《だほ》すると激しい砲撃戦が始まり、薩英戦争へと発展する。

イギリス・タイムズ紙には、イギリス海軍キューパー司令長官が報告する戦況が掲載されている。

「天候は荒れ模様でした。正午、多量の雨をともなう突風が吹く中、突然、薩摩側の全砲台が、イギリスの戦艦めがけて火をふきました。私は、全艦隊にいかりをあげ、戦列を組むように命令しました。イギリスの砲撃による火災によって破壊したものは三隻の蒸気船、五隻の大型ジャンク船、薩摩の領地と居城……このようにして生じた大火は最初の攻撃から四十八時間後、イギリス艦隊が帰還するまで衰えることなく燃え続けていました」

薩摩藩は横浜で和議交渉を行い、賠償金の支払いと犯人捕縛を約束することで合意した。しかし、薩摩を武力でねじ伏せても、すべての心配が取り除かれたわけではなかった。攘夷派は薩摩の他にも多数存在する。

イギリス公使オールコックは、安全な貿易体制を整えるよう、幕府に強く申し入れる。

しかし、このとき、幕府が取ろうとした行動が、イギリスを慌てさせた。幕府は、攘夷派のテロ行為を抑えるのは困難であり、安全な体制が整わないため貿易を縮小したいと申し出てきたのだ。

一八六三年、幕府が諸外国に通達したのは「横浜鎖港」だ。当時、日本の全貿易量の八割を占める横浜を閉鎖し、外国人商人は長崎か箱館に移動することを提案するものであった。

日本側の立場から見ると、そもそも通商条約は欧米列強が持ちかけてきたもので、日本側が進んで調印したものではなかった。現段階の日本にとっては、海外貿易は、国内の政治情勢を悪化させる一因になるし、外国の商人たちの安全も保証できないから、止めたいという意味合いのものだった。

しかし、一方のイギリスには、自由貿易を守らない国とは貿易をしないという選択肢はなかった。なにより、通商条約に対して、日本とはまったく異なる考え方をしていた。

通商条約は、国同士が結んだもの。一度結んだ条約を、アジアの小国である日本の言い分を聞いて、曲げてしまうことは超大国である大英帝国の沽券《こけん》に関わる問題ととらえていたのだ。

いる。

攘夷を利用して戦争を企むイギリス

イギリス公使オールコックは著書『大君の都』(下巻。山口光朔・岩波文庫)で、このように述べている。

「帝国という連鎖の一環たりとも破られたり傷つけられたりするようなことがあれば、たとえそれが日本のように東洋のはてにある遠隔の土地で起こったとしても、連鎖全体にたいしてなんらかの危険と害をおよぼさずにはおかない」

イギリス側から見れば、日本がイギリスの推し進める自由貿易圏から逃れようとすることは、他の国の造反にもつながるリスクがあるため認めることはできないと考えていた。

「われわれの条約の目的が貿易であることはいうまでもない。貿易こそは第一かつ主要な目的である。(中略)条約の規定を、なんらかのかたちで実施する覚悟をわれわれの方できめないことには、幕府がわれわれに誠意を示すための努力をするかどうかは疑わしいように思われる。力か圧力で強要した条約は、一般に同じ手段によってのみ保たれる。東洋におけるわれわれのあらゆる経験が、この結論を示している」

また、イギリスは、産業革命によって生み出される安価な製品を他国に輸出することで世界に経済圏を広げてきた。

日本がイギリスの経済ネットワークから外れることは、他のライバル国の台頭を招きかねないと危惧していたと、イギリス国立公文書館学芸員のバトラー氏は語る。

「戦争シミュレーションの背景には、ほかの列強の先手をとり、日本を自らの陣営に組み込みたいという思惑がありました。あらゆる事態を想定して戦争計画を準備するのが、イギリスのやり方でした。自国の利益を守るため、ライバルが日本で影響力を拡大することを阻止したかったのです」

一八六三年八月、薩英戦争を終えたばかりのキューパー司令長官は本国に、イギリスと日本との関係が岐路にさしかかっていると報告している。

「日本を全面的に武装解除させるのか、それとも、これまで維持してきた体制を放棄するのか選ぶときが来ようとしている。

日本に対して必要とされる戦力については疑問を持っている。単なる海上戦力だけでは日本では役に立たない。砲台を攻撃するためには陸上戦力の援護によって完全に破壊する手段を講じなければ、貴重な人命を犠牲にすることになる。大規模な軍事作戦を決行すべきではないだろうか」

薩英戦争を戦ったキューパー司令長官は、その経験をもとにイギリスの戦力をさらに増強し、強大な軍事力で圧倒することが戦略的に得策であると分析していた。

自由貿易を実行するために、武力によって問題を解決したいイギリス。しかし、問題は戦争をする口実だった。いかに十九世紀が弱肉強食の時代とはいえ、一方的に戦争を仕掛けることは、イギリスが国際的な批判を浴びることになってしまう。

そのためイギリスは、自身の正当性を担保しながら、対日戦争を行う方法を模索していたと語るのは、東京大学名誉教授の保谷徹氏だ。幕末日本の国際関係史のスペシャリストで海外アーカイブスに所蔵される一次史料の発掘と解読を長年続けてきた。今回の取材では、複雑な幕末史を丁寧に、根気強く我々に教えてくれた。

「徳川幕府は、通商条約を改変して港を閉ざしたいとして外交交渉を開始しました。このことはイギリス側にとって非常に厄介なことでした。交渉には交渉で応じるのが国際的なルールだからです。戦争をするためには、別のやり方を考えなければならない。そこでイギリスがとった作戦は、日本で頻発する攘夷事件を利用することでした。攘夷事件を口実に軍事的な圧力をかけることで、徳川幕府の要求を撤回させようとしたのです」

いわば、日本側に先に手を出させて、それを口実に、イギリスは圧倒的な軍事力を見せつけようとしていたのだ。そのときがやってくる。

一八六三年、攘夷派の中心である長州藩は、日本海と瀬戸内海を結ぶ下関海峡に砲台を整備した。さらには蒸気軍艦を配備して海峡封鎖を試みた。

下関海峡は、海運の要衝であり、外国船の通り道だった。長州藩は下関海峡に進入してくる外国船を急襲し、打ち払う行動に出たのだ。被害に遭ったのは、アメリカ商船ペンブローク号、フランスの通報艦キャンシャン号、オランダ東洋艦隊所属のメデューサ号。死傷者が発生する国際問題となった。

こうした長州藩の行動に対して、イギリス公使オールコックが本国の外務大臣に送った書簡が残されている。

「長州から与えられた機会を利用し、今こそ日本に打撃を与えるべきだ」

イギリス公使オールコックは、長州藩が引き起こした攘夷事件を糸口に、武力行使に出ようとする。しかし、このとき、長州藩が攻撃したのはアメリカやフランス、オランダの商船である。イギリスの船は攻撃されていない。普通に考えれば、イギリスが他国と長州との問題に介入する理由はない。しかし、オールコックはこのチャンスを見逃すわけにはいかなかった。

オールコックが取った作戦は、長州藩に攻撃されたアメリカ、フランス、オランダを巻き込み、連合軍を結成することだった。四国連合という形で、長州との問題に介入することを試みた。注目したのは、長州藩が依然として下関海峡を封鎖していること。このことは通商の自由を妨げる行為であり、日本と結んだ通商条約が履行《りこう》できないとしたのだ。

新暦一八六四年七月、オールコックが主導した四国連合は、二十日以内に海峡封鎖が解かれなければ武力行使に踏みきる旨を通達する。こうして、イギリスは自身の正当性を担保しながら、戦争を始める態勢を見事に整えていった。

イギリス公使館付の医師ウィリアム・ウィリスは、このときの状況を本国の兄に次のように書き送っていた。

「イギリスが長州に向けて兵を出す。すると、あらゆる勢力も長州に向けて宣戦布告をすることになるでしょう。我々は長州を打ち破ります。その後、休戦になるのか、あるいは日本との全面戦争になるのか。その結果は、江戸を陥落させるか、京都に進軍するのか。おそらく大坂を占領することになるのでしょう」

イギリスの圧倒的な軍事力は、日本でどのように展開することになるのか。

下関戦争の危機が刻一刻と迫っていた。

列強の圧倒的軍事力を見せつけた下関戦争

京都国立博物館の一角には文化財を修復する工房がある。

下関戦争で連合国によって占拠された長府の前田砲台（写真撮影：フェリーチェ・ベアト、長崎大学附属図書館蔵）

我々取材班が訪ねたときには、長崎大学附属図書館が所蔵する幕末古写真の修復作業の最中だった。

十九世紀の前半に誕生したばかりの写真技術。日本の様子が写真として記録されたのは、幕末が最初の時期にあたる。写真は、それまで絵画やイラストが主流だった映像メディアを一変させた。遠く離れた国の出来事やニュースを鮮明に伝えることが可能になり、幕末日本の情景も世界へ届けられるようになった。

幕末日本を撮影したイギリスのカメラマンで有名なのは、報道写真家の先駆けとも言われるフェリーチェ・ベアトだ。

イギリスの植民地であるインドや、中国とイギリス・フランスとの間で行われたアロー戦争の様子を撮影した後、一八六三年に来日。

翌年には横浜に画家のチャールズ・ワーグマンと共に、写真販売会社を設立した。日本国内の主要な都市や街道の風景、江戸の文化風習を記録した写真を多数残している。

今回、修復している写真もベアトが撮影したアルバム群だ。その中には一八六四年に、イギリスと長州藩が激突した下関戦争の生々しい様子を写した一枚が存在する。

カメラを見据えるのは、イギリス率いる連合軍の兵士たち。その傍らにあるのは長州軍の攻撃の要である大砲の砲台だ。連合軍が長州軍の攻撃を無力化し、圧倒的な勝利を手にした光景を撮影し、本国に報告していたのだ。

下関戦争は、どのような戦いだったのか。

戦闘の詳細を長州側とイギリス側両方の記録を突き合わせて見ていく。

まず、長州側の記録から。連合軍を迎え撃つために長州藩が取ろうとした作戦は、高台からの砲撃作戦だ。大量の砲弾を浴びせようと、大砲をかき集めていた。大砲を鋳《い》るために寺社の鐘まで持ち出していたと言われている。

そして新暦九月五日、イギリスの巨大軍艦ユーリアラス号を旗艦とする一七隻の連合艦隊が三隊に分かれて下関へ姿を現した。

艦隊の内訳はイギリスが九隻。搭載する大砲の小計は一六四門。兵員は二八五〇人に上る。フランスが三隻。大砲の小計は六四門。兵員は一一五五人。オランダが四隻。大砲は五六門。

兵員は九五一人。アメリカは一隻。大砲は四門。兵員は五八人。

総兵力約五〇〇〇人の半数以上は、イギリスであった。

瀬戸内海に、波はなく、海面は鏡のように美しく穏やかだったという。

いよいよ、イギリス軍を迎え撃とうと砲撃態勢に入る長州藩。しかし、ここで想定外の事態が起こる、ユーリアラス号は、長州藩が想定していた攻撃範囲に進入してこないのだ。

そのときの様子をイギリスの外交官アーネスト・サトウは、日記に綴っている。

「ユーリアラス号は、前田村から約二五〇〇ヤード離れた場所に投錨《とうびょう》した。そこは敵の射程距離からは外れていた」

長州藩の大砲の射程距離外に停泊するユーリアラス号。イギリス側に攻撃の意思がないのかと思いきや、次の瞬間、天を衝《つ》く轟音と黒煙が立ちこめた。ユーリアラス号の主砲が火を噴き、弾丸は長州藩が陣取る前田砲台に正確に着弾した。

瞬く間にイギリス軍は砲台を無力化させた。そして上陸作戦が展開される。一般的に、陸戦となれば防御側が圧倒的に有利とされるが、イギリス軍の攻撃は、この定石も覆すことになる。イギリスの戦艦に乗船していた軍医補カマフォードは次のように記録している。

「艦隊からの援護射撃は、長州軍が態勢を整え、隊列を組むことを妨害した。ユーリアラス号の水兵と海兵隊は、長州軍を駆逐するために上陸したが、我が方の損害は比較的軽微であった」

ユーリアラス号から発射される砲弾は、遠方から正確に長州軍の隊列を撃破した。海からは、高精度の艦砲援護射撃。そして陸からは小銃部隊。二方向二種類の攻撃に、長州藩は対処できず、撤退。水陸統合戦は、わずか二時間で大勢が決着した。

アームストロング砲の驚くべき威力の秘密

長州藩は為す術《すべ》もなく敗れた。何と言っても、長州藩の作戦を狂わせたのは、想定外の範囲から繰り出されたイギリスの精密長距離砲撃だった。なぜ、このような砲撃が可能だったのか。その秘密を探るため取材班が訪れたのは、イギリスのハンプシャー州南部にあるポーツマス海軍基地だ。ポーツマスは、世界で最も古いドライドック（船の修理場）が、現役で使用されるなど歴史ある軍港。トラファルガーの海戦で皇帝ナポレオンの野望を打ち砕いた、ネルソン提督の旗艦ヴィクトリー号など多くの有名な軍艦の母港となってきた。

七つの海を制覇した大英帝国の栄華を今に伝えようと、海軍博物館が据え置かれ、その一角には、一八六一年に竣工《しゅんこう》されたイギリス海軍最初の装甲艦ウォーリア号が、保存されている。

軍事基地内なので、撮影禁止区域がほとんどである。交渉を続け、ウォーリア号の甲板内だけカメラを回すことが許された。目当ては、ウォーリア号に搭載されている大砲「一一〇ポン

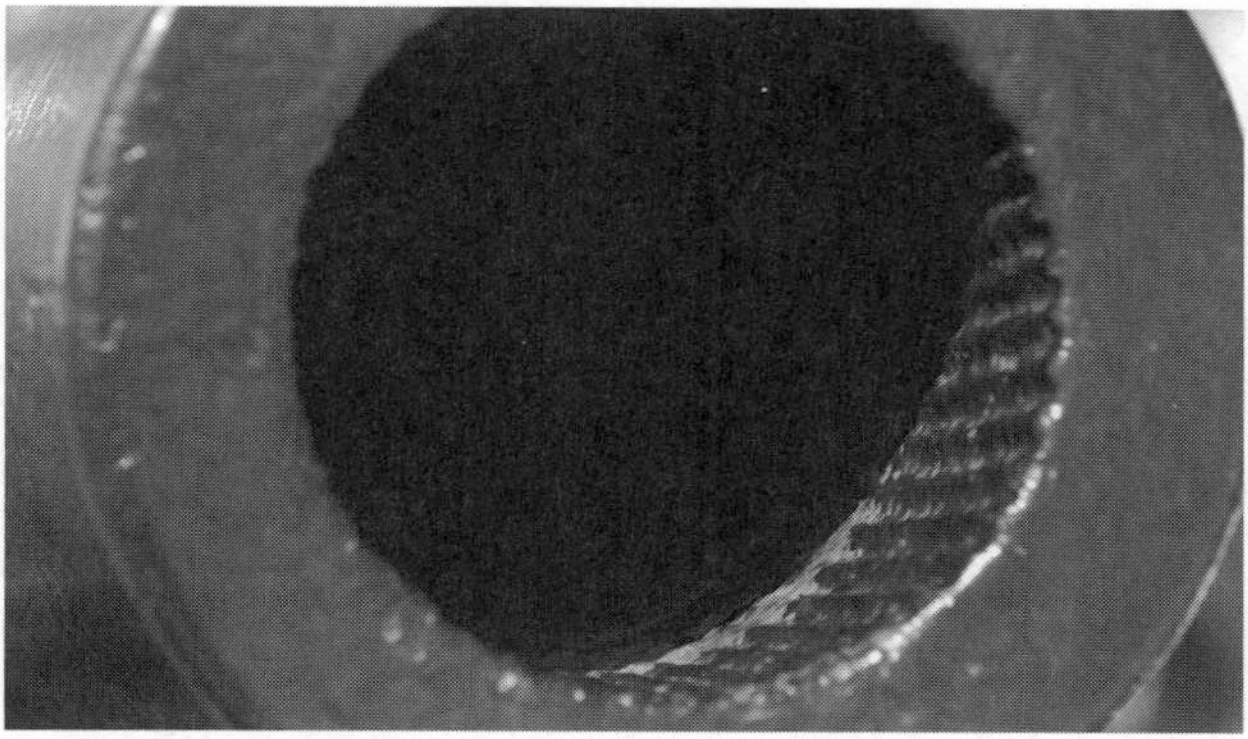

アームストロング砲とライフリング（写真提供：NHK）

ド・アームストロング砲」。イギリスが、下関戦争で圧倒的な軍事力を見せつけた大砲である。

アームストロング砲とは、イギリスの軍需企業アームストロング社が製造した大砲を指す。一一〇ポンド（約五〇キログラム）もの巨大砲弾の発射を可能とする大型の兵器だった。鈍く黒光りする砲身の全長は、二・五メートル。巨砲を支えるがっしりとした土台。側に立つと、意思を持たぬこの殺戮兵器から、えも言われぬ威圧感が襲いかかってきた。

ポーツマス海軍基地の撮影には、イギリス王立武器庫で軍事史を研究するニコラス・ホール氏に同行していただいた。アームストロング砲を分析した結果、これまでの軍事史を塗り替える画期的な技術が取り入れられていることにホール氏は着目した。それは「ライフリング」。鉄製の砲身の内側に刻まれている、らせん状の溝のことだ。

「砲弾の飛距離を劇的に延ばし、正確に目標を撃破するためにはライフリングが重要だったのです」

砲身の内側に刻まれた、わずか数ミリの溝が、なぜそれほど重要なのかを解き明かしたい。今回、実弾を用いた発射実験を試みた。弾丸が発射される瞬間を撮影し、画像分析することが目的だ。高速で発射される弾丸をとらえるため、〝超〟ハイスピードカメラを用意した。

テレビ番組などでスローモーションの映像が流れると思う。それらは、ハイスピードカメラと呼ばれる機材で撮影したもので、一秒間を一〇〇〇～二〇〇〇コマで記録することができる。しかし、今回発射する大砲の砲口初速は三八四メートル／秒と亜音速の域に達し、肉眼ではおろか、ハイスピードカメラでも残像しかとらえられない。そこで用意したのが、〝超〟ハイスピードカメラだ。高速動作分析など映像計測や研究に用いられるもので、そのスペックは、一秒間を一七五万コマで記録することが可能だ。

しかし、問題はまだある。挙動を解析するには弾丸をクローズアップして撮影しなければならない。だが大砲の近くにカメラを置くことはできない。発射の瞬間には爆炎が噴き出すため、カメラが破壊され、オペレーターも大やけどを負ってしまうからだ。

危険が伴う撮影の場合、通常のテレビカメラでは望遠レンズを装着し、距離を取って物体のアップ映像を記録する。しかし、〝超〟ハイスピードカメラにはテレビカメラのような望遠レ

〝超〟ハイスピードカメラのプレビュー画面（写真提供：NHK）

ンズは備わっていない。そこで考案したのが、鏡を使った作戦だ。鏡に向けて弾丸を発射、その鏡をカメラで撮影する。そうすれば鏡に向かって弾丸はどんどん近づいてくるので、その状態を撮影すれば、弾丸の挙動が解析できると考えたのだ。

　撮影日は晴天。撮影に必要な光量も申し分ない。二日がかりで機材をセッティングし、発射実験を開始する。装塡《そうてん》されるのは円錐形の弾丸だ。

「Fire」のかけ声と共に点火。オペレーターたちは耳を塞ぎ、口を開け、轟音で鼓膜が破れないように身をよじる。次の瞬間、砲身から噴射される激しい炎と黒煙を縫うように弾丸が飛び出してくる。そして、照準を合わせた弾丸は、一瞬のうちに正確に鏡を撃ち抜く。

　弾丸の挙動は、肉眼ではまったくとらえることができなかった。取材班は〝超〟ハイスピードカメラ

スチール製のドラム缶を打ち破る弾丸（写真提供：NHK）

のプレビュー画面をのぞき込む。そこに映っていたのは、弾丸が激しく回転している様子だった。

弾丸が発射される際、砲身に刻まれたライフリングにそって、弾丸に回転が生まれていたのだ。実は、この回転こそが精密砲撃の秘密だ。回転が加わると、重心や軌道が格段に安定するため、狙いすました正確な砲撃が可能になる。イメージしやすいのは、コマ回しだ。細い先端のコマは、回っている間は倒れない。これは「ジャイロ効果」と呼ばれる現象である。

実弾実験では、ライフリングがない大砲との比較も行った。ナポレオン砲という十九世紀に製造された大砲を用いた。ナポレオン砲に用いられる弾丸は、ブドウ弾と呼ばれ、丸い形をしている。こちらも〝超〟ハイスピードカメラで撮影した。ライフリングがないことから、弾丸は回転していない。

そして、比較からわかった一番の違いは、スピードだった。ライフリングのない大砲と比べて、ライフリングがある大砲の弾丸の速度は最大で二倍に達していた。ジャイロ効果によって、弾丸の回転がブレないことで、空気抵抗が減少。それによって速度が落ちることなく、飛距離も向上したのだ。これが、長州藩を驚かせたイギリスのアームストロング砲の精密長距離砲撃の正体だった。アームストロング砲の飛距離は三キロを超え、下関戦争で圧倒的な存在感を発揮したのだ。

アームストロング砲の分析を行ったホール氏は語る。

「ライフリングが登場する前の時代では、海上から攻撃する場合、船を敵陣へと接近させなければならず、陸地の砲台から反撃を受ける危険性がありました。しかし、アームストロング砲の登場は、それまでの戦い方を一変させました。遠方からの砲撃で、敵の砲台を無力化してから、上陸作戦を行えばよくなったのです。アームストロング砲は水陸統合作戦を行うのに最適な兵器だったのです」

今回の実験で、大砲の標的にしたのは、スチール製のドラム缶だ。ドラム缶の中には水を入れ、五つを直列に並べた。水を入れたのは少しでも弾丸の勢いを殺し、その挙動を観察するつもりだったのだが、その目論見は打ち砕かれる。回転する弾丸は、頑丈なドラム缶を紙くずのように造作もなく破壊し、突き抜けていった。

下関戦争の戦後処理に悩む幕府

我々取材班は、実弾の威力に茫然自失した。アームストロング砲の破壊力をはじめて目の当たりにした長州藩士たちもこのような気持ちだったのだろうか。

ともあれ、戦争が終われば、戦後処理である。新暦一八六四年九月、下関戦争で敗れた長州藩は、イギリスと講和を行う。講和の使者に任命されたのは、奇兵隊の創設者である高杉晋作だった。

四国連合艦隊旗艦のユーラリアス号に乗り込んで談判に臨んだ。イギリス側の通訳をつとめた外交官アーネスト・サトウは、このときの高杉の様子を「悪魔」のごとく「傲然《ごうぜん》」としていたと日記に記している。

負けた側の使者のはずなのに、偉そうな態度を取ったという高杉。その交渉力も伊達ではない。講和の条件は、次の五つ。下関海峡を外国船が自由に通航すること、外国船が必要とする石炭・食物・水などを売り渡すこと、悪天候などのときに、船員たちが下関に上陸することの許可、下関に設置された砲台を撤去すること、そして、賠償金三〇〇万ドルを支払うことだった。

注目すべきは、賠償金の項目についてだ。高杉はなんとその支払いを幕府に転嫁させてしまったのだ。高杉は下関戦争の発端である外国船への砲撃の責任は幕府にあると説明した。

当時、幕府は横浜鎖港をはじめとし、外国との通商を閉ざそうとしていたので、こうした方針に従い、攘夷を実行したというのだ。

幕府は、通商条約の改定を目指してはいたが、直接、外国船を攻撃しろとは言っていない。高杉の強引な交渉ではあるが、イギリス側はこれを受け入れる。賠償金三〇〇万ドルは、長州藩だけでは払えない巨額なものだったからだ。

徳川幕府側も、戦火の拡大を恐れ、長州藩に代わって、巨額の賠償金を支払う約束をする。

しかし、イギリスとの戦争の火種は、依然としてくすぶっていた。

高杉晋作（港区立郷土歴史館蔵）

次の文書は、イギリス公使オールコックが、下関戦争の最中に記したものだ。

「兵庫と大坂を手に入れることは、鎖港を唱える勢力に対する安全保障となる。我々にはその権利がある。天皇の都・京都は大坂と兵庫から三日以内の行程にあり、艦隊や兵員を容易に移動させられる。瀬戸内海とその巨大な交易網を我々が支配すれば、この国の政府を麻痺させることができる。

今こそ天皇の都へ進軍し、我々が中国の皇帝にしたように、この国全体を開国することに従わせる。通商条約を無効化しようとし、排斥政策へと回帰しようとする日本の絶え間ない試みに終止符を打つよう、ミカドに強要したほうが効率的である」

オールコックの覚書には、幕府が通商条約の改定を諦め、鎖港を解かなければ全面戦争もやむなしという意思が綴られていた。かつて、イギリスはアヘン戦争を通じて中国を屈服させ、清国の封建的な政策を破壊していった。それと同じことを日本でも実行すると読み取れる。

京都に軍を進めることを視野に入れるオールコックは、下関戦争が終結した後も、徳川幕府に威嚇を続けていく。

「条約をイギリスの同意無しに無効にしようとするのは、戦争宣言に値する。ミカドにはもはや考え違いは許されない。もしミカドが通商条約の廃止を求めるならば、それは戦争を求めることになる」

徳川幕府が通商条約を履行することが絶対と考えていたのは、オールコックだけではない。

当時のイギリス首相パーマストンも、次のような覚書を残している。

「軍事力の誇示が成功して、安定的な通商関係が築かれることを願う。日本とイギリスとの関係は、強力な文明国と、弱小の非文明国との避けられない段階にある」

幕府のインテリジェンス戦

これまでイギリス側の動きを中心に追ってきたが、この辺で、全面戦争の危機に対して、日本側はどのように対処しようとしていたのかを見ていく。

実は徳川幕府には、こうした国家存亡の事態を早くから予期していた人物がいた。開明的な幕臣・勝海舟だ。勝は、石高四一石あまりの下級旗本の長男として生まれるも、西洋兵学を究めるため、蘭学を学び、のちに幕府海軍を率いるにまで出世していく。この頃の勝の業績を見ると、海外との交流が頻繁に行われていることがわかる。

勝海舟（福井市立郷土歴史博物館蔵）

一八五五年、幕府によって海軍教育機関として設立された長崎海軍伝習所に参加し、オランダからやってきた軍人ペルス・ライケンやカッテンディイケらの教えを受ける。一八六〇年には咸臨《かんりん》丸に乗船し、太平洋を横断、アメリカへ渡る。

一八六二年には、軍艦奉行並に抜擢され、翌年には一四代将軍、徳川家茂《いえもち》の大坂湾視察を案内。その際、神戸海軍操練所の設立許可を取り付け、これを欧米列強に対抗するための拠点として育て上げようと構想を広げていた。

なぜ勝海舟が世界情勢に対して、広い視野を持つことができたのか。それは勝がオランダの学問を学んだことが関係している。実は、オランダと徳川幕府は、海外情勢を知るための諜報活動で協力関係にあったからだ。

オランダと幕府が密接な交流を持つようになったのは、開国よりも前のこと。江戸幕府を開いた徳川家康はオランダ商人との交易を重視、最新の西洋兵器を輸入することで「関ヶ原の戦い」や「大坂の陣」でも戦を有利に進めたことが近年明らかになっている。こうして江戸幕府の誕生以来、オランダとは特別な関係を築き、長崎の出島を通じた交易を続けてきた。

実はこのとき、オランダは徳川幕府に海外情勢に関する貴重な情報をもたらしていた。海外のニュース、すなわち風説を総括した書として「オランダ風説書《ふうせつがき》」と呼ばれている。当初は提出が義務づけられたものではなかったと言われているが、やがて通商許可に対する「御忠節」の性格を帯びるに至った。徳川幕府は、キリスト教の禁制を行い、日本人の海外渡航を禁止する政策を取っていたため、風説書は海外情報を知る唯一の手がかりだった。

そして一八四〇年、中国でアヘン戦争が起こると欧米列強に関する情報は、きわめて重要な意義を持つようになっていく。「オランダ別段風説書」と呼ばれた、より詳細な海外情報が幕府にもたらされるようになったのだ。

どのような情報がもたらされていたのか？　オランダ国立公文書館に残された機密文書から当時の状況がうかがい知れる。代表的なのは一八五三年のアメリカ・ペリー提督による黒船来航に関するインテリジェンスだ。実は黒船来航の前年に、オランダはアメリカが日本に開国を迫ってくることを知らせていた。

「ペリー提督がアメリカの日本特使及び艦隊の司令官として配属される予定だ。日本と条約を結ぶため、遠征には軍備を整えた軍艦がやってくる。彼らは平和的な交渉を試みようとはするが、交渉が難航する場合は、武力行使を辞さないことが考えられる」

幕府は防衛計画を策定。急ピッチで江戸湾に、外国船を砲撃するための砲台が建設された。東京のお台場という地名は、このときに築かれた台場に由来している。イギリスに関しては、中国に艦隊がどのくらい駐留しているかなど詳細な報告がある。幕府は、イギリス軍の戦力を分析する中で、日本に対する野心を知るようになっていった。

ライデン大学で日蘭関係史を研究しているヘルマン・ムースハルト氏は語る。

「幕府はオランダを介して列強の機密情報を収集していました。国際情勢を分析する研究機関を立ち上げ、不測の事態に備えていたのです」

ムースハルト氏が言う研究機関とは、一八五六年に発足した「蕃書調所《ばんしょしらべしょ》」のことだ。同所の任務には、洋書洋文の翻訳や研究、出版などがあり、東京大学の前身である。「オランダ別段風説書」もここで翻訳され、分析された。勝海舟は、蕃書調所の頭取助《とうどりすけ》を担っており、最新の海外情勢に触れていたのだ。

そして一八六四年、勝海舟は、イギリスと日本との軍事衝突を回避しようと奔走する。

下関戦争の直前、勝がオランダ領事デ・グラーフに語った言葉が残されている。

「全面戦争だけは絶対回避しなければならない。必ずや幕府が攘夷派を抑える。そうすれば、戦争する理由はなくなる」

幕府がオランダと進めた富国強兵策

勝の狙いは、幕府が攘夷派を処罰し、国内問題として処理することで、列強が日本に介入してくる口実をなくしてしまおうというものだった。下関戦争のときは、幕府の動きよりイギリスの行動の方が早く、開戦は食い止められなかったが、対外戦争を避けるべく常に模索を続けていた。

こうした試みと並行して、幕府はオランダの協力を得て、海軍力の増強に乗り出していた。戦争を回避するための抑止力を手に入れるためだ。

オランダ有数の港町ドルトレヒトにヒップス・エン・ゾーネン造船所がある。ここで幕府最強の軍艦が建造されていた。排水量は二五九〇トン、全長は八一・二メートル、搭載された大

開陽丸（写真提供：ユニフォトプレス）

砲は三五門に上る開陽丸だ。開陽丸が建造されていた最中、オランダには幕府から榎本武揚《たけあき》など一五人の留学生が派遣されていた。

彼らは留学中、デンマーク戦争を視察し、そこで絶大な威力を発揮する最新の大砲を目撃する。「クルップ砲」と呼ばれる鋼鉄の大砲だ。急遽、榎本らは、当初の計画にはなかったクルップ砲を開陽丸に導入するよう変更を加えることで、海外の最新技術を取り入れた強力な軍艦を造り上げていったのだ。

クルップ砲は、何が凄かったのか？

幕末日本を震撼させたイギリスのアームストロング砲とは何が違うのだろうか。

開陽丸に搭載されていたクルップ砲は全長三・三五メートル、口径一五・八センチ。イギリスの主力艦ユーリアラス号が搭載していたアームストロング砲と、さほど大きさが変わるわけではない。

性能を解き明かすために、科学分析を試みることにした。イギリスのシェフィールド・ハラム大学で材料工学を研究するハイウェル・ジョーンズ氏の協力の下、クルップ砲とアームストロング砲に使われた素材を分析してもらった。Ｘ線を用い内部を透視、ミクロレベルで比較すると大きな違いが浮かび上がった。

「不純物が取り除かれたことで、クルップ砲は砲身の強度が増しています」

左頁図の左側の横線が不純物。アームストロング砲と比べ、クルップ砲は不純物が取り除かれ、強度が高いことがわかった。

アームストロング砲に使われていた素材は、錬鉄《れんてつ》だ。

産業革命を支えた鉄道のレールや、エッフェル塔の建造などにも用いられた素材で、十九世紀に普及した強固な鉄のことだ。反射炉などを用い、高温で鉄鉱石を溶かし精製される。製造過程で、スラグと呼ばれる不純物がわずかに残ってしまう問題を抱えていた。

一方、クルップ砲に使われていた素材は、鋼鉄《こうてつ》だ。

ベッセマー法という発明されたばかりの画期的な製鉄方法を用いることで、金属から不純物を完全に取り除くことができたと、ジョーンズ氏は言う。

「ベッセマー法の最大の発見は、溶かした鉄に空気を吹き込むと、空気中の酸素が鉄の中の炭

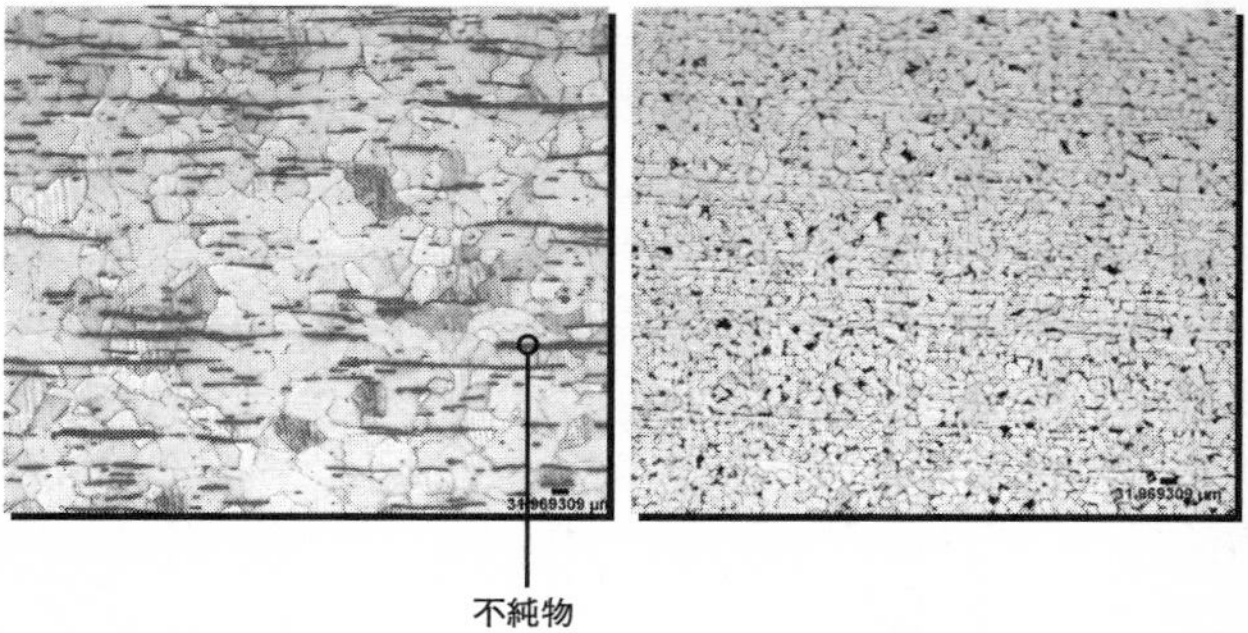

左がアームストロング砲の錬鉄、右がクルップ砲の鋼鉄（写真提供：NHK）

素と反応し、鉄から炭素を取り除くことができることに気づいたことです。つまり、化学反応を利用しながら製鉄を行うことが、最大の技術革新だったのです」

強度の高い鋼鉄を用いた大砲は、クルップ砲が世界で初めて。強度が高ければ、爆発で砲身が歪《ゆが》むことはなく、火薬のエネルギーを弾丸に伝えることが可能になる。クルップ砲の射程距離は四キロに上るなど、アームストロング砲のお株を奪う精密長距離砲撃が可能だった。

また、不純物が取り除かれたことでクルップ砲は重量も軽くなり、実際の海戦にはそれが大きく影響したと語るのは、イギリス王立武器庫で軍事史を研究するホール氏だ。

「大砲が軽ければ、より多くの砲を搭載することができます。大砲が多いということは、より多くの弾丸が目標に当たる可能性があるということです。これが火力の定義であり、砲の重量あたりの火力を少しでも大きくすることが死活問題として求められたのです」

オランダの協力を得て軍事力強化にあたる幕府。ヨーロッパの革新的な技術を取り入れ、大砲を国内で製造しようとする幕臣も現れる。小栗忠順だ。小栗は、外国奉行以外にも幕府の要職を歴任する。幕府の財政を担う勘定奉行。そして、江戸幕府陸軍の指揮官として歩兵・騎兵・砲兵を統轄する陸軍奉行だ。

現在の東京都文京区に大砲製造のための新工場「関口製造所」の建設を推進。大砲の砲身にライフリングの溝を彫るための機械をオランダから輸入し、最新鋭の大砲を国産化しようとしていた。

幕府が推し進めた富国強兵の情報は、世界に諜報網を張り巡らすイギリスの耳に入らないわけがない。

オランダで建造されている開陽丸についても「日本の使節はオランダの造船所で蒸気軍艦を購入する条約を結んでいる」など、逐一記録が残されている。オランダに駐留するイギリスの外交官が、日本が海外で海軍力を高めていることを本国に報告していたのだ。

戦争一歩手前だった幕府とイギリス

幕府の軍事力が高まることは、イギリスの戦争シミュレーションにさまざまな不確定要素をもたらすことになる。当初から、戦争シミュレーションで懸念していたのは戦闘の長期化だった。長期化するほど、物資の補給にかかわる輸送コストなどが増大することが指摘されていたからだ。

また、イギリス本国が対日戦争を行う際に、留意点としていたのは、貿易商やその家族など開港地居留民の保護であった。日本にいるキューパー海軍司令長官は、戦争が起きた際に居留地の安全を確保するためにかかる兵力を本国に回答している。

「横浜の居留地の安全のためには、江戸湾にイギリス海軍の駐留が必要である。安全を確保する手段としては、江戸の町で行われている商業取引を停止させ、湾内の漁業も停止させることである。横浜はその周囲を丘に囲まれているので、敵軍による砲撃に悩まされることになる。それゆえ、戦時には横浜を小戦力で維持することは妥当ではないと考えている」

横浜の防衛計画について、イギリス軍が香港から呼び寄せた工兵隊員によって、さまざまな防衛シミュレーションが練られていた。

大規模な襲撃を想定したケースでは、横浜周辺の丘陵に戦略的要地を確保し、十数門の大砲と兵員二〇〇〇人を配置。居留地周辺にはバリケードを築き、常時襲撃に備えるというものだった。

敵軍のゲリラ戦が展開されるケースに対しては、敵兵一〇〇人程度が夜間に侵入して、居留地に火を放ち、波止場へ逃げようとする居留民を待ち伏せて殺戮するなど、具体的な想定がなされている。

これに対抗するには、イギリス軍による二十四時間態勢の警戒が必要とされ、士官八人、下士官・兵卒あわせて四〇四人がローテーションを組んで、警戒に当たることを想定していた。そのほかに、居留地の区画ごとに設置する防護柵に一二四〇ドル、兵舎などの建設費や土地代に二万ドルがかかるなどコストを計上している。

国際関係史を研究するアントニー・ベスト氏は、このコスト計算が戦争抑止につながったと考えている。

「もし全面戦争となっても、イギリスは日本に勝ったことでしょう。問題は、コストに見合うかどうか。予算を承認するのは国会です。しかし、政治家たちは外国との戦争にお金を使うことを好みません。税金が増えるからです。これがイギリスの判断基準なのです」

コストに見合わないから戦争を避ける。逆にコストに見合うのであれば、戦争することも辞さない。イギリスが掲げる自由貿易帝国主義の前では、戦争が非人道的であるなどの概念を差し挟む余地はない。

結果として、イギリスが安易に戦争に踏み切ることを躊躇させる一因となったのは、幕府が行った富国強兵だった。

さらに、幕府はこの抑止力で生み出された時間を、通商条約の改定に使おうとする。

そもそも、イギリスと徳川幕府の確執の大本は、通商条約であり、これを解消しないことには、対外戦争の危機はくすぶり続けることになるからだ。

動き出したのは、後に最後の将軍となる一橋慶喜だった。

戦争回避の模索は日本を二分することになった

ここからは、一橋慶喜が取り組んだ、戦争回避の模索を追っていく。そこには国内外の複雑な思惑が絡んでくるので、併せて説明を加えていくことにする。

まず、慶喜が対外戦争の回避に乗り出すきっかけとなった出来事は、下関戦争の翌年一八六五年、イギリス率いる連合艦隊八隻が、兵庫沖に押し寄せたことにある。

イギリスの目的は、通商条約を日本に履行させること。そうでなければ、武力を行使すると迫ったのだ。

「諸外国の政府は、条約上の義務の忠実な履行をあくまで要求する決意である。もし将軍が日本の支配権力の保持者であると見なされたいのであれば、将軍は条約の遵守《じゅんしゅ》を国内において強制することができなければならない。回答を得ないときは正式な拒絶と考えて、軍事行動に出

る」（駐日イギリス公使覚書）

イギリスは、コストがかかる全面戦争は回避したいと考えていた。

下関戦争で圧倒的な軍事力を日本に見せつけ、プレッシャーを与えたはずだったが、その軍事力に日本がすぐさま屈服し、通商条約を履行するということにはならなかった。そこで、再びイギリスは、日本が自由貿易を推し進めなければ、軍事衝突も辞さない構えを見せたのだ。

再び訪れた対外戦争の危機に、慶喜はどのように対峙しようとしていたのか。今度は日本側の視点から、当時の状況を見てみる。

当然ながら幕府は、イギリスの要求をのめば、戦争を回避できることは理解していた。しかし、当時の国内情勢は単純にそのことを許してくれないほど複雑だった。幕府と朝廷の対立である。

中でも、横浜から外国船を閉め出す「横浜鎖港」と呼ばれる出来事がカギを握ることになる。そのため、幕府と朝廷にどんな対立があったのか、どのようにして横浜鎖港が起きたのか、国内事情を詳しく振り返っていくことにする。

時代は、日本が開国に踏み切った頃に遡《さかのぼ》る。幕府では一三代将軍・徳川家定《いえさだ》に子どもがいなかったため、跡継ぎ問題が起きていた。

次の将軍を誰にするのか。水戸藩の徳川斉昭《なりあき》や、薩摩藩の島津斉彬《なりあきら》などの有力大名は、斉昭の実子である一橋慶喜を擁立《ようりつ》した。いわゆる一橋派だ。

これに対して、南紀派の彦根藩主・井伊直弼など譜代大名は、将軍と血縁が近い紀州藩主である徳川慶福《よしとみ》を推して対立することになる。そして、井伊直弼が大老に就任すると、一橋派を押し切り、慶福を家定の跡継ぎに定めたのだ。この後、一四代将軍、徳川家茂《いえもち》となる。

跡継ぎ問題から生まれた確執や派閥は、外交問題とも絡み合い、大きなしこりを生み出すことになる。発端は、一八五八年に結ばれた日米修好通商条約だ。

当時、京都にいた孝明《こうめい》天皇は外国船を打ち払う攘夷を唱え、通商条約に断固反対する姿勢を明らかにしていた。しかし、幕府大老の井伊直弼は、独自外交を推し進める。

天皇の許しである勅許《ちよつきよ》を得ることなく通商条約への調印を強行してしまったのだ。

井伊直弼の独断に孝明天皇は激怒。これより幕府と朝廷は激しく対立しはじめることになる。

さらに幕府が朝廷の許可なく通商条約を結んだことは、天皇を中心に国をまとめようとする「尊王論」や、外国の勢力を排除しようとする「攘夷論」が高まっていくきっかけになっていく。また、条約調印や、跡継ぎ問題での大老・井伊直弼の強硬な姿勢は、一橋派をはじめとする諸藩士や公家の中で、幕府を非難する動きを高める原因にもなっていったのだ。

井伊直弼は、こうした動きを抑えるために、反対派の公家や大名らを処罰した。世にいう「安政の大獄」だ。長州藩士の吉田松陰や福井藩士の橋本左内《さない》らが処刑されるなど、処罰を受けた者は一〇〇人を超えた。

安政の大獄への不満は、報復という形で現れる。

一八六〇年、桜田門外の変が起こる。江戸城、桜田門の付近で井伊直弼は、尊王攘夷をかかげる水戸藩と薩摩藩の浪士たちに襲撃され、命を落とすことになった。

この事件以後、幕府の専制的な政治は行き詰まり、その威信は大きく揺らいでいく。

激しさを増す攘夷、複雑化する外交問題

井伊直弼が暗殺された後、幕府の政治を担当したのは、老中の安藤信正だ。安藤は、朝廷との融和によって幕府の権威を回復しようとする。

一四代将軍・家茂の夫人に孝明天皇の妹の和宮《かずのみや》を迎えた。公としての朝廷、武としての幕府が手を結ぶ、「公武合体」という試みである。

しかし、安藤の狙い通りにはいかない。公武合体は、かえって尊王攘夷派を刺激することになった。和宮を迎えたことは、幕府が朝廷を利用するための政略結婚としてとらえられ、大きな反発を生んでしまったのだ。

一八六二年、坂下門外の変。安藤信正は、江戸城の坂下門外で水戸藩の浪士らの襲撃を受けて負傷、老中を退くことになる。

尊王攘夷の動きは激しさを増した。この非常事態を修復しようとしたのが、後の一五代将軍となる一橋慶喜だ。慶喜は血縁上、将軍家とはかなり遠く、むしろ天皇に近い人物だったと言われている。京都の皇族・有栖川宮《ありすがわのみや》家から水戸徳川家に嫁いできた慶喜の母親、登美宮吉子《とみのみやよしこ》から三人遡れば、江戸時代中期の霊元《れいげん》天皇につながる。

一方、徳川御三家の父方が将軍家とつながるためには初代の家康まで一〇人も遡らなければならないほどだ。

かくして一橋慶喜は、幕府と孝明天皇の和解役を任されることになった。そして一八六三年、攘夷を唱える孝明天皇の怒りを静めるため、京都に向かった。

このとき、幕府の方針は、孝明天皇が望む外国船の打ち払いを約束するとしつつも、攘夷の具体的な方法や期日については曖昧にするというものだった。すでに幕府は欧米列強との通商条約を結んでいたことから、こうした曖昧さで矛盾する状況を乗り切ろうとしたのだ。

しかし、慶喜は京都に着くや、攘夷一色に染まった光景に衝撃を受ける。

幕府の曖昧さが反感を買えば、反幕府の勢いは増すばかりと考え、孝明天皇との和解を最優先にすべきと行動に出た。

朝廷との交渉に臨んだ慶喜は、幕府から託された方針通り、攘夷を実行すると約束。さらには、攘夷実行の期日を具体的に定めて、通商条約を破棄することまで明言してしまったのだ。

そして一八六四年、幕府はそれまでの開国の方針を、攘夷へと変更する。横浜からは外国船の閉め出しを決定し、さらに通商条約の見直しを欧米列強に通告することになる。

……と、ここまでが、横浜鎖港にいたる日本の国内事情の振り返りである。

横浜鎖港が、こうした複雑に入り組んだ国内情勢から出てきたものであるため、徳川幕府は、自由貿易の履行や、イギリスの要求を簡単にのむことが難しかったのだ。

幕府と諸大名の権力闘争の内幕

話は、イギリスをはじめとする連合艦隊の兵庫沖進出に戻る。

一八六五年九月、幕府の若年寄の酒井忠毗《ただます》がイギリス公使を訪ね、兵庫沖進出の中止を訴えている文書がイギリス国立公文書館に残されている。酒井は混乱する国内情勢や攘夷派の行動を次のように説明している。

「外国人に対して諸大名が敵対的な態度を取るのは、実際に外国人を憎悪しているためというより、むしろ将軍が最高権力を握っていることを嫉妬しているためである。最近、外国人と接触するようになった大名の中には、外国人との友好関係を公然と唱える者もいる。しかし、そうした大名も、天皇の前では、外国人は我が国の敵であると述べ、外国人を追放するのが将軍の義務であると言い立てている」

徳川幕府は、薩摩や長州がかかげる攘夷は、幕府に対する反感から来ていると理解していた。天皇から政権を委《ゆだ》ねられている幕府を表立って批判することはできないが、攘夷というフィルターを通せば、幕府の対外政策を批判することができるため、そうしているのだと、酒井は権力闘争の内幕を語っていた。

「たとえば薩摩は、天皇の前でも外国人と戦う意思があることを公言してはばからない。長州ほど態度を明確にすることは注意深く避けているが、薩摩も本心では将軍を敵視しているのだ。薩摩や長州の狙いは、天皇と将軍、そして、将軍と外国政府との間にくさびを打ち込み、亀裂を生じさせることにある」

酒井は、横浜鎖港にいたる国内事情を説明した。

しかし、イギリス側にとってみれば、日本の言い分を、「はい、そうですか」と聞くことはできなかった。すでに述べてきたように自由貿易を止めることは大英帝国の威信にかかわり、認めることができない問題だったからだ。

イギリスは自由貿易帝国主義の観点から、武力を行使してでも幕府の方針を撤回させる必要があると分析していた。そうして、兵庫沖に軍艦を派遣し、徳川幕府に強い圧力をかけることに至ったのだった。このとき、イギリスが、徳川幕府に突きつけたのは、孝明天皇から、通商条約への了解・勅許を引き出すことだった。

イギリスと朝廷の板挟みになり、困り果てたのは徳川幕府だった。

イギリスの要求をのまなければ戦争になる。しかし、外国嫌いの孝明天皇に条約の勅許を求めても認められるはずがない。そう判断した老中たちは、難局を乗り切るための代案を出した。それは、兵庫の港を開くというものだ。通商条約には兵庫港を開くとしていたが、期日が定まらず、まだ開かれていなかった。部分的に列強の要望に応えることで納得してもらおうと考えたのだ。

しかし、事態は悪化する一方だった。

幕府の兵庫開港の方針を知った孝明天皇が激怒したからだ。攘夷の約束を覆した老中をクビにするよう発した。

さらに、そこにイギリスからメッセージが届く。

「勅許について十日以内に文書による回答をせよ。回答を得ないときは正式拒絶と考えて、軍事行動に出る」

イギリスが突きつけてきた最後通牒によって、戦争へのタイムリミットが近づいていた。

この局面で迅速に動いたのが、朝廷との和解役だった一橋慶喜だ。もはやこの状況では、孝明天皇からの信頼を失ってでも戦争を回避しようと奔走する。

慶喜は、孝明天皇が出席する緊急の御前会議の開催を要請し、天皇から勅許を得ようと説得を続ける。

しかし、イギリスの軍事力を把握できていない朝廷の重臣からは、天皇の権威に傷をつけることはできないと反対意見が飛び出す。

激論が続く中、事態をさらにややこしくしたのは、薩摩藩の大久保利通だ。大久保はこの御前会議を通して、薩摩藩の権威を高めようと画策する。列強との交渉は幕府が行うのではなく、朝廷が行い、そのアドバイスを薩摩が行うという策を提案し、議論を紛糾させた。

話し合いは、翌日に持ち越された。慶喜は、当時の政治決定ではありえない方法で天皇から条約勅許を得ようとしていた。それは、諸藩の総意を天皇にぶつけるというものだ。

慶喜は、御前会議の途中で京詰めの諸藩の武士らを集めた。

イギリスとの戦争を回避したい一心の慶喜や諸藩の総意に押されるように、ついに孝明天皇は勅許を出す。御前会議が始まって二十六時間後のことだった。

武力行使に出ると迫ったイギリスの思惑とは何だったのか。外交官アーネスト・サトウの日記には、十日の猶予《ゆうよ》期限が切れる十月七日（旧暦）の記述が残されている。

「明日は大坂にむかい、そこで幕府の回答を待つつもりである」

もし期日までに幕府からの回答がない場合には、あくまで艦隊を大坂に進めて、条約勅許を強要するつもりだったことがわかる。

アーネスト・サトウ（港区立郷土歴史館蔵）

幕府の回答書は、イギリス側が定める期限ギリギリの深夜になって届けられた。幕府の使者は、慶喜が身を粉にして勅許を得たことをサトウに伝えていた。

「一橋慶喜はもし天皇が勅許に同意しなければ、自分は腹を切らねばならないと宣言した。ついに天皇も屈して条約を認めることになった」

富国強兵に努めるが、武力には訴えない。こうした幕府の徹底した姿勢が、全面戦争の危機を乗り越えることにつながったと東京大学名誉教授の保谷徹氏は語る。

「戦争を徹底して避けるというのは、武士の政権の軍事的なリアリズム。そこの感覚というのは強烈にあった。そういう意味で言うと、腰抜けだと言われても幕府が戦争をしなかったというところが、切り抜けられた非常に大きな要因であろう」

イギリスにとっても、通商条約が守られて自由貿易が行われれば、コストのかかる戦争はする必要がなくなる。相手国が素直に自由貿易に応じてくれる方が都合は良かった。

もし、帝国主義の立場を貫き相手国を軍事力で従属させても、現地に大量の軍隊を駐留させたり、定期的に起こる暴動を鎮圧したりする必要が発生する。それは、イギリス経済を圧迫する要因になるため、避けたい選択肢でもあったのだ。

ともあれ、日本はすんでのところで武力衝突を回避した。

しかし、イギリスが日本を、自らの陣営に組み込むことを諦めた訳ではなかった。

第3章
マネー・ウォーズと改税約書

駐日全権公使パークスの登場

「対外貿易に友好的な大名たちにあらゆる支援を与え、日本の封建制度と保守的な貿易体制を徹底的に弱体化させる」

これは、一八六四年七月、イギリス外務省が策定した対日政策の草案の一節だ。

書かれていたのは、日本の保守的な貿易体制を徹底的に弱体化させること。そのためには、保守的な幕府の体制を弱体化させる必要がある。

ひいては、イギリスとの貿易に積極的な大名たちに支援を与えることも視野に入れるということが戦略として打ち出されていた。

一八六五年、幕府は鎖港体制をとりやめ、通商条約を履行する姿勢を見せた。しかし、それはイギリスにとって開国時のふりだしに戻ったにすぎない。日本との貿易をさらに積極的なものにすることを目指していた。イギリスは自由貿易の拡大を推し進めるために、あらゆる手段を取ろうとしていた。いったい、その原動力はどこから来ているのかを知りたいと、我々取材班はイギリス王立造幣局を訪ねた。

鉄条網に囲われた建物に入るには入念なボディーチェックがあり、硬貨やお札、スマートフォンやパソコンなどの電子機器を持ち込むことが禁じられていた。

1ポンド金貨（写真提供：ユニフォトプレス）

厳重に管理された金庫室の一角から取り出されたのは、イギリスの植民地などで流通していた一ポンド金貨だ。王立造幣局の学芸員クリス・バーカー氏は、この金貨は当時イギリスが、世界の貿易や金融の支配を狙っていたことをうかがわせる貴重な証拠だと語る。

取り出した六枚のコインには、イングランドの守護聖人セント＝ジョージが、ドラゴンを打ち倒す様子が描かれている。そのドラゴンの下には、異なるアルファベットが刻印されていた。Ｍはメルボルン、Ｐはパース、Ｓはシドニー、Ｃはカナダのオタワ、ＳＡは南アフリカのプレトリア、Ｉはインドのボンベイで金貨が作られたことを表している。

十九世紀、イギリスの植民地の鉱山では、続々と金が見つかり、ゴールドラッシュが発生していた。オーストラリアでは、史上最大の金塊が採掘されるなど、当時、世界の金の産出量の三分の一を占めていたと言われている。イギリスは植民地で採れた金を通貨に変え、国際的な取引で使わせることを目指していたとバーカー氏は続ける。

「イギリスが作り上げた国際通貨を全世界の人々に使わせる。お金を通じた支配です。そうすることで、イギリスの覇権を盤石なものにしようとしたのです。そのためにはオーストラリア、南アフリカ、カナダなど、金の産出地に造幣局を設置し、採れたての金を金貨に変えるスピード感が求められていました」

イギリスは自国の通貨を基軸通貨にしようとしていた。決算手段として自国の通貨を世界の国々で使ってもらうことで、経済をコントロールしようとしていた側面があった。こうしたイギリスの経済圏を世界に拡大していくためには、イギリスが掲げる自由貿易を遂行することが絶対条件だった。

イギリスの次なる一手は「マネー・ウォーズ」、経済や金融を巡る熾烈《しれつ》な攻防だ。

本章では、自由貿易を拡大しようとイギリスが繰り広げたマネー・ウォーズが、幕末日本に与えた影響を見ていく。

注目するのは、オールコックの後任として、イギリスが日本に送り込んだ辣腕《らつわん》の外交官ハリー・パークス駐日全権公使だ。幕臣・小栗忠順と、貿易関税の引き下げを巡る頭脳戦を繰り広げていくことになる。

まずは、幕末日本をめぐるマネー・ウォーズで主役となった外交官ハリー・パークスの紹介から始めたい。

取材班が訪ねたのは、イギリスの首都ロンドンの発祥地であるシティ・オブ・ロンドン。テムズ川沿いにあるロンドン市長の直轄下に置かれた特別行政区域だ。

面積は約二・七平方キロメートルと決して広い訳ではないが、ニューヨークのウォール街と並ぶ国際金融の中心だ。大英帝国の全盛時代には世界の政治・経済の心臓部として栄えた歴史ある街である。

ハリー・パークス（鹿児島県歴史・美術センター黎明館蔵）

目的地は、シティの中心部にそびえるセントポール大聖堂。聖堂建築としてはバチカンのサン・ピエトロ大聖堂に次ぎ世界第二の規模を持ち、チャールズ三世とダイアナ妃の結婚式が行われたことでも知られている。

地下の礼拝堂にはナポレオン戦争で活躍したネルソン提督や、ペニシリンの発見者である細菌学者アレクサンダー・フレミングなど、イギリスの発展に貢献した人物が眠っている。そんな偉人たちと名を連ね、奉られているのが、ハリー・パークス駐日全権公使である。

パークスはどんな功績を残したのか。鉄工場の長男として生まれたパークスは五歳で両親と死別。姉の支えのもと学問に励み、わずか十四歳で外交官の道に進む。一八四四年、十六歳になったパークスは中国・厦門《アモイ》のイギリス領事館通訳官となり、当時領事を務めていたオールコックに見いだされることになる。

一八五四年、厦門の領事に出世。そして、五六年に広東の代理領事に転じたこの年、事件が起こる。広東で清国官憲がイギリス船籍のアロー号の中国人水夫を海賊容疑で捕らえたのだ。

当時、イギリスはアヘン戦争の勝利によって中国での権益を手にしていたが、さらなる貿易の拡大を試みようとしていた。広東代理領事のパークスは、アロー号の拿捕は不当との口実でもって兵を挙げる。翌五七年には広東、六〇年には北京を占領するなど四年に及ぶ戦いでイギリスはアヘン貿易を公認させ、長江流域から華北・満州に及ぶ広大な開港場を影響下に置いた。アロー戦争、または第二次アヘン戦争と呼ばれる戦いだ。この戦いで、アジア権益のさらなる拡大に貢献したパークスは、イギリスで最も栄誉あるとされる軍事勲章を授与され、爵位を獲得した。

そして上海領事を務めた後、オールコックの後を継いで二代目の日本駐在公使として、一八

パークスの風刺画（横浜開港資料館蔵）

六五年に来日することになる。

パークスはヴィクトリア女王から、対日外交の舵取りをゆだねられていた。

外交官としての辣腕ぶりを象徴する風刺画が残されている。太いもみあげがトレードマークの横顔。その胴体はひょろりと細長い昆虫のもの。おぞましいキメラのような姿になったパークスは、他国の富を吸い取る蚊として紹介されている。

その風刺画よろしく、パークスの使命は、まさにイギリスが支配する自由貿易圏に幕末日本を組み込むことであった。

パークスの人物像は、勝海舟も日記に残している（『勝海舟全集18』）。

「英のミニストルは、支那に二十年程在留、すこぶる漢字を知る。また、我国の形勢、支那とまったく同じく、万事因循故、一事に多端の御掛合い申さず、一事毎に老中へ御逢い、掛合い申すべく、此頃御遣わしの御書翰、大英女王と御認めこれあり、然るべからず、帝と御認め然るべしと申すと云う。又、勢を以て圧し、かつ、玩弄《がんろう》するのきざしありと云う」

これは、パークスが幕閣と初めて会談したときの様子を記したものだが、注目すべきは「勢を以て圧し、かつ、玩弄するのきざしあり」という箇所だ。パークスの振る舞いに対して日本側は、圧倒的な軍事力を後ろ盾に、日本をもてあそぼうとしているように感じ、警戒を強めていた状況がうかがえる。

小栗とパークスの熾烈な交渉「改税約書」

続いて駐日全権公使パークスが、日本で行った代表的なことについて紹介していく。
日本の重要文化財の一つに、幕末日本とイギリスの熾烈な経済交渉を今に伝える文書「改税約書」がある。一八六六年、イギリスが日本へ関税の引き下げを迫ったことを示すもので、これを主導したのがパークスだった。

関税とは、輸入品に課される税金のことで、例えば、イギリスが日本に商品を持ち込む際には、イギリス側が幕府へと税金を支払うことになっていた。イギリスにとっては、この税率を引き下げることは、商品を売る際に余計な税金を支払わずにすみ、自由貿易を拡大することにつながると考えていた。

日英関係史を研究するLSEのアントニー・ベスト教授は語る。

「産業革命をリードしたイギリスは、製造業が発展し、膨大な商品を生産しています。それを販売し、利益を得るため最も効率がよい方法は、関税率を下げることでした。

パークス公使は気性が荒く、冷徹な人物として知られています。イギリスの国益を最優先にすることが絶対であり、日本の事情を顧みることはありませんでした」

一方、幕府側にとっては関税の引き下げは、デメリットが大きかった。

それまで幕府に支払われていた税金が減ることになる。さらに、関税の障壁がなくなり、安価な海外製品が大量に流入してくることで日本の市場が破壊されるリスクがあった。

こうしたパークスの一方的な要求を日本側は、もちろんのむわけにはいかない。そこで立ち上がったのが、幕臣の小栗忠順である。

小栗は幕府財政を司る勘定奉行を務めていた。パークスとの交渉は、表向きは老中の水野忠《ただ》精《きよ》などが担ったことになっているが、実務面で優れた小栗が実質的な交渉を行っていたと伝えられている。

小栗がパークスの要求をはねのけるための拠り所としたのは、かつてアメリカと結んだ条約だった。不平等条約と呼ばれる一八五八年の日米修好通商条約のことだ。

通商条約では、日本で外国人が罪を犯しても日本の法律で裁くことができない治外法権の問題が発生するなど、欧米列強と日本が対等とは言えなかった。さらに日本が関税の税率を決めることができず、関税自主権がなかったが、これを逆手に取ろうとしていた。アメリカと取り決めた関税率は多くの品物が二〇%と決められていた。これと同様の内容で通商条約を結んだイギリスが一方的に引き下げることはできないとしたのだ。

パークスが使った奥の手とは？

小栗には、幕府の財政難が骨身にしみてわかっていた。

もともと、徳川幕府は大量の金を保有していた。代表的なのは、新潟の佐渡金山である。一六〇三年から徳川幕府直轄の天領として佐渡奉行所が置かれて、小判の製造が行われ幕府の財政を支えていた。

佐渡金山の金鉱脈は、東西三〇〇〇メートル、南北六〇〇メートル、深さ八〇〇メートルに広がり、アリの巣のように開削された坑道の総延長は、佐渡〜東京間にあたる四〇〇キロメートルにもなる。産出した金は七八トン、銀二三三〇トンに上り、その有り余る富を利用し、江戸は独自の経済圏を築いていた。

しかし、開国によって海外との貿易が始まると、たちまち日本の金は国外へと流出することになる。日本人が海外貿易に不慣れだったこともあるが、大きな要因となったのが金・銀の交換比率の違いだ。

外国との貿易での取引は、小判の金貨や、銀貨などが使われていた。当時、金と銀の交換比率は、外国で金一に対して銀一五というのが一般的だった。しかし、日本では金一に対して銀五という、著しい差があった。

そのことで何が起きるのか？

例えば、外国で金一つを銀一五と交換する。その銀一五を日本に持ち込むと金三つと交換することが可能になる。つまり、日本に銀を持ち込めば、三倍の金が手に入ることになるのだ。

こうして、海外から多くの銀貨を持ち込み、日本で金貨に交換した外国商人らが海外に大量の金を持ち出したのだ。一時的に一〇万両以上の金が海外に流出したと言われ、財政は困窮していく一方だった。

しかし、パークスにとって、こうした日本の経済事情は意に介することではなかった。パークスは、関税率を二〇%から五%まで引き下げることを要求し続けた。この五%という税率は、イギリスが中国をアヘン戦争で打ち破り、強引に結ばせたものと同じだった。

小栗は、通商条約をイギリスの一方的な要求で変えてなるものかと交渉を続けた。しかし、ここでパークスが奥の手を使う。

引き合いに出したのは、一八六四年の下関戦争の賠償金だ。戦火の拡大を恐れる幕府は、長州藩に代わり巨額の賠償金を支払う約束をしたことで財政難に陥っていた。

そこに目をつけたパークスは、幕府に対して下関戦争の賠償金支払い額を三分の二に減免することと、支払期日を延期することを条件に、関税の引き下げや、さまざまな要求を幕府に突きつけた。

一八六六年四月、パークスが本国に送った報告書に、その提案が列挙されている。

1. 大名の代理人の貿易活動に対する制限の撤廃
2. すべての階級の日本人が外国船を購入する自由
3. 旅券制度の下で日本人が海外に渡航する自由
4. 日本人が政府の許可を得て、外国の技術者を雇用し、外国の機械を使用する自由
5. 保税倉庫の設立、もしくは払い戻し税制度
6. 諸港、瀬戸内海や海岸線のある地点に灯台を設置
7. 自由な造幣所の設立
8. 現在交渉中の税則で規定される関税以外のいかなる税も課せられないという約束

関税交渉に加え、パークスがこのような提案を幕府に突きつけたのはなぜか？その戦略についてパークスは、外務次官エドマンド・ハモンドと交わしたプライベートレターで打ち明けている。ハモンドとは、一八五四年から一八七三年まで、十九年にわたり外務次官の地位にあって、極東政策に大きな発言権を持っていた人物である。

イギリスの外務省と外交官がやりとりする書簡や報告書は、複数の人目に触れるものである。一般的な訓令や報告は、印刷されて議会に提出される。機密資料などのコンフィデンシャル・プリントは閲覧者が限定的とはいえ、外務省内や関係大臣に配布される。

そのため、公の報告書が作成される前に、プライベートレターでお互いに打診や根回しをした上で、正式に訓令や公信で議題として取り上げるという、いわば下書きのような工程が存在した。公信では差し障りのない、遠回しな言葉遣いがされるのに対して、プライベートレターでは詳細なニュアンスが伝わるように、あけすけな言葉や忌憚《きたん》のない意見がより多く交わされる傾向にある。

パークスはハモンドとのプライベートレターに、関税交渉の機会を利用して、自由貿易を妨げる障壁を一挙に取り除く決意を綴っていた。

「下関の賠償金は、私の手の中にある梃子《てこ》であり、イギリスの利益を追求するために利用できると信じている。もし幕府が八つの要求を受け入れれば、それは賠償金の受領が遅れることに対する十分な見返りと考えて良いであろう」

パークスは、あえて過大な要求を幕府に突きつけ、相手の出方を探っていた。その思惑通り、日本はパークスの要求を少しずつ受け入れ始めたことが、ハモンドとのやり取りに続けて記されている。

「事実、私の提案を幕府が受け入れる方向に沿って措置が取られ始めている。例えば、大名に対して新しい布告が出され、その結果、大名の代理人は自由に開港場に出入りできるようになった。すべての日本人が外国船を購入できる許可もすでに与えられている。

旅券制度による海外渡航の自由が認められれば、外国との交流は急速に拡大する。それは後戻りができない強さで、日本を国際関係の中に組み入れることになる。外国人の雇用については、容易なことではないと理解している。しかし、それが実現すれば、日本の資源を開発することに大いに役立つであろう。灯台、造幣所について我が国の利点は言うまでもない」

パークスは賠償金の支払いを梃子に、さまざまな要求を突きつけてきた。六カ月にわたる交渉の末、幕府は改税約書に調印することになったのだった。

勘定奉行・小栗が海外に対抗した万延二分金

改税約書に調印したことで、幕府の財政は追い込まれていった。その中でも、小栗は必死にもがいていた。

その苦境を表す品が、千葉県佐倉市の国立歴史民俗博物館に残されていた。

幕末の経済戦争を解明する研究を進める同博物館教授の齋藤努氏が取り出したのは、走査型顕微鏡。試料に電子線を当ててその表面を観察する装置であり、エックス線検出器を取り付けることで元素分析を行うことができる。観察したのは、幕末日本で流通した金貨だ。

金貨の原料といえば当然、金であると思うだろう。ところが、走査型顕微鏡の調査からは意外なことがわかってきた。齋藤教授が指さすモニターには、金貨に含まれている金属の含有率が波形となって表れていた。

「金の割合は計算上、二八％になります。銀が七一％を占めています」

この金貨の名前は「万延二分金」。二分金とは一両の半分に当たり、長方形の短冊形をしている。二分金の種類には、文政元年（一八一八）に発行された真文二分金、文政十一年（一八二八）の草文二分金、安政三年（一八五六）の安政二分金、そして万延元年（一八六〇）から通用が開始された万延二分金などがある。

数ある通貨の中でも、万延二分金は金貨の名がつくものの、そのほとんどが銀で出来ている。いったい誰が、金の含有量を減らしたのか。それは他でもない徳川幕府であり、この政策に関わったのが当時、勘定奉行だった小栗忠順だ。万延二分金は、「小栗二分金」とも呼ばれてい

万延二分金(日本銀行貨幣博物館蔵)

る。

意図的に金の含有量を減らすことには、どのような意味があったのか。

当時、幕府と海外の貿易では、金銀の交換比率が問題となっており、海外に金が大量に流出していた経緯がある。金の含有量が少ない金貨を流通させることで、いたずらに金が流出することを防ごうとしたのだろうと考えられている。

また、金の含有量が低い貨幣が流通することは、貨幣の信用度が低下するというリスクがともなうものの、限られた金でより多くの通貨を発行することができるようになる。

すると市場に以前よりも、通貨が大量に出回ることになるため、いわばインフレーションのような状況が発生すると齋藤教授は語る。

そのことは、小栗とパークスが熾烈な駆け引きを繰り広げた関税の引き下げ交渉と深く関わってくる。

通貨が大量に出回ると、その通貨価値は下落する。今で言うところの円安状態になるため、相対的に、輸入品の価格が上がることになる。日本の市場原理からすれば、割高なものは買いたくないというのが正直なところだ。つまり関税を引き下げても、外国製品の輸入は進みにくく、国内産業の保護が期待されるというのだ。

さらに、小栗はこの万延二分金の改鋳《かいちゅう》による差益を用いて、ある国との結びつきを強化しようとしていたと言われている。ヨーロッパの経済大国フランスだ。

フランスと手を結んだ日本版産業革命への挑戦

幕末日本とフランスの結びつきをうかがわせる新発見があった。

パリの南東およそ六〇キロ、広大な森と泉に囲まれた世界遺産がフォンテーヌブロー宮殿だ。フランスで最も大きな宮殿であり、英雄ナポレオン・ボナパルトが公の儀式などに使った「玉座の間」やマリー・アントワネットのプライベートルームなど、十二世紀以降、八百年もの間、フランス歴代の君主やその妻たちが滞在した。

このフォンテーヌブローの倉庫を整理する中で、二〇一九年、三〇点近くの日本にまつわる貴重な品々が発見されたのだ。徳川幕府お抱えの絵師、狩野春貞の作である豪華絢爛な金屏風や、徳川家ゆかりの「三つ葉葵」をあしらった甲冑などが、当時のフランス皇帝ナポレオン三世に贈られており、幕府が、フランスと親密な関係を築きたかったことを今に伝えている。

当時、フランスは経済や金融政策に力を入れており、ナポレオン三世は、銀行の改革や技術者を優遇することで企業を発展させるなど、さまざまな政策を打ち出し、産業革命をリードするイギリスに迫る勢いがあった。

小栗はこうした経済成長めざましいフランスの力を借りて、ヨーロッパ流の産業革命を日本に起こそうとしていた。産業革命で工業化が加速すれば、日本にも新たな産業が誕生し、国内経済が活性化する。そうすることで、イギリスが強行した関税の引き下げによって困窮する一方の財政を立て直すことができると構想していたのだ。

小栗のカウンターパートとして、フランス側を代表するのは異色の経歴を持つ駐日公使レオン・ロッシュだ。

一八〇九年、ロッシュはフランスの南東部に位置するグルノーブルに生まれる。地元の大学に進学するもわずか半年で退学し、アフリカのアルジェリアに派遣されるフランスの遠征軍に参加する。そこで出会ったのが、フランスが進めるアルジェリア植民地化政策に対して、武力抵抗運動を組織するアブド・アルカーディルで、アルジェリア民族運動の父とみなされる人物だ。

ロッシュはアルカーディルに感化され、秘書となり、反フランス運動を陰で支えることになる。最終的にはフランス軍の攻撃によって、命の危険があるとしてアルカーディルに投降を呼びかけたことで、アルジェリアの抵抗運動の沈静化に貢献している。その後、現地で鍛えた堪能なアラビア語を武器に、アフリカ諸国で総領事を務めた後、一八六四年に初代駐日公使ベルクールの後任として横浜に着任する。

イギリスの国益を追求するパークスの姿勢とは対照的に、ロッシュは国益よりも自分の信念を優先する傾向がある。そうした性格だからか、ロッシュはこの後、関係を深めていく徳川幕府への援助政策を本国の意向以上に積極的に展開しながら、パークスと激しく対立していくことになる。

フランスと日本との貿易関係についても当時の状況を補足する。ロッシュが、どうして徳川幕府を支援しようとしていたのか、その原動力に関わってくる話だからだ。

レオン・ロッシュ（福井市立郷土歴史博物館蔵）

十九世紀、フランスの輸出製品の中核を担っていたのは絹製品だった。一八五〇年代のフランスの人口三五〇〇万人のうち、およそ二五〇〇万人が絹産業に関わり、生計を立てていたと言われている。農商務省「伊仏之蚕糸業」によると、一八五三年のフランスの繭生産量は二万六〇〇〇トンにのぼる。

こうしたフランス経済の根幹に関わる絹産業に突如、悲劇が襲いかかる。養蚕《ようさん》業の脅威となる微粒子病の蔓延だ。Nosema bombycisという菌類による伝染で、蚕《かいこ》の発育を遅延させたり、致死させたりするのだ。フランスは世界各地に調査団を派遣し、微粒子病に冒されていない蚕を手に入れようとする。中東に探索を広げたが、フランスではうまく成育できないなどの壁にぶつかる中、たどり着いたのが日本の蚕だった。

日本産蚕ヤママユ種は、フランスで育成できることに加え、高い耐病性があることが判明したのだ。そのニュースは瞬く間に世界に広がり、日本の蚕を狙って、各国のブローカーが押し寄せたり、悪質な蚕を日本産として販売したりする者が現れていた。

こうした状況の中、フランス公使ロッシュは、徳川幕府と太いパイプを作り、正規の日本産蚕をフランスへと持ち帰る使命も帯びていたのだ。つまり、フランス側にも背に腹は替えられぬ事情があるため、幕府の申し出には積極的に応えようとする力学が働いていたのだ。

話を小栗に戻す。一八六五年、小栗はロッシュに造船所の建設を要請する。

当時の日本において軍艦の修理は長崎製鉄所で行われていたが、ドックは小さく設備は不足していた。外国から買い入れた大型艦の修理は、上海で行わなければならない状態だった。建設地は当初、横浜の南の長浦《ながうら》湾が候補地にあがっていたが、小栗やロッシュが幕府の軍艦を使って実地調査や海底の測深を行ったところ、長浦は水深が浅くてドック建設には適さないことがわかり、横須賀に決定した。のちに横須賀造船所と呼ばれることになる。

この造船所の建設に万延二分金の改鋳による差益が用いられたと言われているのだが、小栗は単に船を造ることだけを目的としていたわけではなかった。

横須賀造船所については、司馬遼太郎が『街道をゆく 42 三浦半島記』で「日本の近代工学のいっさいの源泉」と書いているように、蒸気機関を原動力とする日本最初の総合工場という側面があると考えられている。巨大な船の建造や修理だけでなく、高度な製鉄技術を蓄積することは、それまでの日本の産業構造を大きく変えることにつながっていく。

すなわち、造船所の建設を通じて、日本の技術力を高めることが小栗の狙いであったと考えられている。

小栗がロッシュと合意した建設プランは、次のようなものである。

まず建設を進めるのは、フランスの技術者グループ。計画を具体化するにはフランス政府の援助を得て、技術スタッフを雇用したり、設備資材を購入したりする必要がある。外国奉行の柴田剛中《たけなか》を特命理事官とした使節団をフランスに派遣し、その任務にあたらせた。

さらに幕府は、日本人たちがフランスの技術者から建設を引き継ぐことに備えて、日本人技術者を養成する学校を設立する計画も進める。それに先行して横浜に開校されたのがフランス語学校で、伝習生と呼ばれる者たちがそこで製鉄産業に必要な知識や言葉を学び始めていた。

横須賀造船所建設で現場を指揮した栗本鋤雲《くりもとじょうん》は、『匏庵《ほうあん》遺稿』に収められた「横須賀造船所経営の事」の中で「小栗は、これができあがれば土蔵付き売家の栄誉が残せると笑った」と書いている。

横須賀造船所はのちに明治新政府に引き継がれ、数々の戦艦を建造することになった。明治三十八年（一九〇五）には日露戦争で日本海軍は世界有数の戦力を誇るロシアのバルチック艦隊を撃破した。司令長官の東郷平八郎は、小栗の子孫に「横須賀造船所建造が日本海海戦の完全な勝利にどれほど役立ったかしれない」と感謝の言葉を贈ったとされている。

横須賀造船所の一部は現在でも、在日米海軍横須賀基地内で稼働している。まさに、日本版産業革命の原点として発展していくことになるのだが、それはのちのこと。このとき、時代の急激な変化は小栗に対してさらなる試練を与えることになる。

イギリスの力を後ろ盾に、反幕府勢力が急速に台頭してくるのだ。

第4章
武器商人の暗躍と幕長戦争

アメリカ南北戦争は世界情勢を一変させた

この章では、イギリスが推し進める自由貿易の担い手、貿易商の活動が幕末日本に与えた影響について見ていく。

貿易商の中には、武器取引に力を入れる、いわば武器商人と呼ばれる人々がいた。鉄砲に大砲、軍艦など軍需物資は取引額が大きく、力と力がぶつかり合う十九世紀において、多くの貿易商社が武器の取引に力を入れていた。

こうした時代の趨勢《すうせい》と、絡まり合ってくるのが反幕府勢力だ。

新暦一八六六年三月、薩摩藩と長州藩が軍事同盟を結ぶ。薩長同盟だ。海外の武器商人から強力な兵器を導入し、勢力を強めていくことになるのだが、そこにはイギリス側と反幕府勢力側に、どのような思惑があったのだろうか。

注目するのは、海外からもたらされた強力な兵器が威力を発揮することになる幕長戦争だ。一八六六年七月に始まる幕府軍と長州軍との戦いのことで、第二次長州征討や四境戦争とも呼ばれる。圧倒的な兵力を有する幕府軍に対し、少数精鋭で挑む長州軍。長州軍が海外の強力な兵器を駆使して、どのように戦ったのかを掘り下げていく。

さて、このイギリスの武器商人と幕末日本の結びつきを説明するには、話をアメリカに移さねばならない。

この頃、アメリカでは世界情勢を一変させる重大な出来事が起きていたからだ。それは一八六一年から六五年にかけて行われた南北戦争だった。この戦争の背景には、アメリカという国の成り立ちが関係してくる。

十八世紀、イギリスから独立した当時のアメリカの領土は、北米大陸の東海岸沿いの地域だけだった。それを、先住民を制圧しながら西へと勢力を広げていくことになる。開拓者たちの旺盛な行動力や精神などは「フロンティア・スピリット」と呼ばれ、十九世紀中頃にはカリフォルニアで発生したゴールドラッシュが西部開拓に拍車をかけた。わずか一世紀あまりで太平洋岸に至る広大な領土を持つようになるのだが、それだけ国土が広いと南部と北部とでは、文化や産業に違いが生じてくる。

気候の温暖な南部では、タバコや綿花などの大規模プランテーション農業が広がり、その労働力として黒人奴隷がなくてはならないものとされてきた。一方、北部では、自由身分の労働者による商工業が発達していくことになる。

そして、十八世紀末から十九世紀初めにかけて、ヨーロッパで起こった奴隷制を廃止する動きに同調し、北部は奴隷制度の拡大に反対する立場を取ったことから、アメリカ南北に軋轢が生じる。

さらに、南北の主張は、貿易についても対立していく。ヨーロッパの工業国に原材料を輸出していた南部では、自由貿易が支持されていた。しかし、イギリスなどの工業製品と競争する立場の北部は、関税などによって制限をかける保護貿易を求めていたのだ。

南北の対立が深まる中、一八六〇年、奴隷制に反対する立場を取るエイブラハム・リンカーンが大統領選挙に勝利すると、南部が反発し、合衆国から分離独立して「アメリカ連合国」を樹立することを宣言。これを認めない北部と戦闘状態になり、勃発したのが南北戦争だった。

兵力では北部が勝っていたが、イギリスやフランスなどが南部を支持する態度を示したこともあって、戦争は長期化し、多くの犠牲者を出すことになる。一八六三年、戦局を打開するため、リンカーンは奴隷解放宣言を発表した。これによって、奴隷制度の継続を掲げる南部は国際社会から孤立することとなる。

同年七月、南北戦争最大の戦闘となったゲティスバーグの戦いで北部が主導権を握り、優勢になっていく。その後、一八六五年に南部が降伏したことで、南北両軍合わせて六一万人に及ぶ戦死者を出したアメリカ史上最大の内戦は終結した。

こうしてアメリカに平和が訪れることになるのだが、ひとつながりになった世界では、その余波は別の形となって現れる。

工業技術や軍事技術のかたまりである武器は、今日明日で急造できるものではない。武器メーカーは、将来戦争が続くことを見越して、量産のロットを組むなど何年も前から製造ラインを整えている。それが、世界的に見ても規模の大きい南北戦争が収束したことで、急に在庫がダブついてしまったのだ。

巨大商社ジャーディン・マセソン商会

そんな中、世界には、戦乱の火種を抱える国があった。幕府と反幕府勢力が鋭く対立していた幕末日本である。各国の武器商人は新たな市場として日本に目をつける。そして、行き場を失った武器を日本で大量に売りさばくことに力を入れていくのだ。

こうした日本への武器の流入について、データも残されている。小銃の輸入は、イギリス領事の報告だけでも一八六五年から七〇年にかけて、長崎で一七万二〇〇〇挺、横浜で三二万八六〇〇挺。合計価格は、およそ六八八万ドルにのぼった。艦船については、一八六〇年から六七年に長崎で売却されたもののうち、トン数が判明するのは八三隻。その内訳は、六〇〜二九九トンが四三隻。三〇〇〜四九九トンが二七隻。五〇〇トン以上が一三隻となっている。

こうした幕末日本の商取引において、中核を担ったのは、イギリス系の巨大貿易商社ジャーディン・マセソン商会である。

一八三二年に設立されたジャーディン・マセソン商会は、インドや中国との間のアヘン貿易や茶貿易によって急成長をとげた貿易商社だ。香港に拠点を置き、上海や横浜に支店網を広げ、一八六〇年代には東アジアで最大規模となった。貿易に加えて、造船・製糖・紡績や、運輸・保険・金融など多角的な経営を行っていた。

経営の主導権を握るのはケズウィック家で、イギリス政府と近い関係を築いていた。ジャーディン・マセソン商会の横浜支店を開設したのは、ケズウィック家の一人、ウィリアム・ケズウィックだ。その弟は、イギリス公使パークスの三女と婚姻関係にあった。パークスが関税交渉を行う際に、ジャーディン・マセソン商会が関税率を五％に引き下げさせるべきと要望を出していたことも記録に残っている。

日本におけるジャーディン・マセソン商会について、我々がもっとも馴染みが深いのは、長崎代理店を設立したトーマス・グラバーだろう。

グラバーの明治以降の活躍は実にめざましいもので、炭鉱開発ではイギリスから最新の機械を導入して、現在の長崎市にある「高島炭鉱」で本格的な採掘を開始し、近代化に貢献する。そして明治十四年（一八八一）、三菱が炭坑を買収すると「顧問」に就任し、東京に拠点を移した。

トーマス・グラバー(港区立郷土歴史館蔵)

その後、キリンビールの前身「ジャパン・ブルワリー」の設立にも参画。幅広い分野で明治日本の産業発展を支えたことから明治政府から、外国人としては異例の「勲二等旭日重光章」が贈られた。グラバーの長崎の屋敷跡は「明治日本の産業革命遺産 製鉄・製鋼、造船、石炭産業」の一角として世界遺産に登録されている。

それでは、ジャーディン・マセソン商会の商取引が幕末日本にどのような影響を与えていたのか具体的に見ていく。

取材班が向かったのは、イギリス・ケンブリッジ大学図書館。ここには十九世紀のジャーディン・マセソン商会の通信記録や会計帳簿、市況報告が所蔵されている。通信記録を見ると香港、上海、横浜、神戸、長崎などを中心に一八万通を超えるやり取りがなされている。

ちなみに、ジャーディン・マセソン商会は現存する企業であり、本社の許可をもらわないと、この史料は見ることができない。また、損傷が激しく現在も修復作業が続いているため、研究者の解読もまだ一部しか進んでいない史料群である。

そうした史料群の中から、特に注目すべき書簡として、ケンブリッジ大学の学芸員ジョン・ウェルス氏が見せてくれたものがある。

「この書簡には、武器売買をめぐるカネの動きが克明に記されています。ジャーディン・マセソン商会は、徳川幕府に武器を売りつけ、そこで得た資金を薩摩藩に融資していたのです」

一八六五年、徳川幕府はジャーディン・マセソン商会にアームストロング砲を発注している。その契約金として六万ドルを受け取ったのだが、その一部を薩摩藩への融資に回していた。また、幕府が武器など四万ドルを購入した際にも、その内三万ドルを薩摩藩に融資するなどの記述が残されていた。

なぜ幕府の資金が薩摩藩に流れていったのか。どのようにジャーディン・マセソン商会と薩摩藩は懇意な関係になったのか。

いろいろと疑問が湧いてくるが、そのカギを握るのは、ジャーディン・マセソン商会の長崎代理店を経営するグラバーと、薩摩藩士の五代友厚《ごだいともあつ》だ。二人の出会いは一八六四年の長崎とされる。

西洋文明を導入し、富国強兵の必要性を唱える五代は、グラバー邸に滞在する中、薩摩藩の改革案を書き上げる。五代の提案は、おもに薩摩藩の特産である砂糖の生産を強化し、資金を蓄える。その資金を活用し、ヨーロッパに留学生を派遣、西洋の技術を学びながら最新鋭の武器を購入するというものだった。

一八六五年、薩摩藩は五代の提案を受け、一五人の留学生を選抜した。このとき、グラバーは留学生の派遣にあたり、滞在費や兵器の購入費の立て替えなど、便宜を図った。

ロンドンに着いた留学生一行は、イギリス外務省に接触したり、最新式のライフル銃などを二七六二挺買い付けたりした。グラバーにとっては、武器を欲する薩摩藩と協力することで安定した収益が得られるメリットがあった。

五代友厚（国立国会図書館蔵）

こうして両者の関係が深まる中で、幕府が支払ったカネを薩摩に融資するなどの行動が取られていったのだ。融資の総額は現在の価値で四〇億円と推定される。

武器商人の支援を受け、軍事力を高めていく薩摩藩。そしてついに、幕末日本のパワーバランスを大きく変える出来事が起こる。

薩長同盟とイギリスによる武器密売

一八六五年九月、イギリス公使パークスは、幕末日本の情勢が大きく転換しようとしている様子を本国に伝えている。

「薩摩が表向き幕府に恭順を示しているのは偽り。裏では長州とつながっている」

報告しているのは、薩摩藩と長州藩による軍事同盟である「薩長同盟」の動きだ。京都薩摩藩邸にて、土佐藩の坂本龍馬の立会いのもと、薩摩藩代表の小松帯刀《たてわき》、西郷隆盛と長州藩代表の桂小五郎《かつらこごろう》（のちの木戸孝允）との間で一八六六年に成立した。

薩長同盟に至るまでの薩摩と長州の関係はとても複雑だが、薩摩藩とイギリスが戦った一八六三年の薩英戦争を起点にして、なるべくわかりやすく説明する。

薩英戦争でイギリスに敗れた薩摩は、攘夷の無謀さを実感するとともに政治の主導権の回復を狙った。朝廷内で主導権を握る長州藩を追い落とそうと薩摩藩が実行したのが、「八月十八日の政変」だ。

その後、失った主導権を奪還する機会をうかがう長州藩。そのような中、京都市中の警備にあたっていた幕府指揮下の新選組によって、尊王攘夷派の志士が殺傷される池田屋事件が起こる。長州藩は、この事件をきっかけとして京都に攻め入るが、徳川幕府や薩摩藩が迎え撃ち、撃退する。この出来事を「禁門の変」、または「蛤御門《はまぐりごもん》の変」と呼ぶ。

禁門の変を発端に、天皇は幕府に長州藩を征討するよう勅令を出すのだが、これに薩摩は敏感に反応する。西郷隆盛や大久保利通は、長州征討にともない徳川幕府が独裁を強めるのではないかと危惧した。一八六六年の第二次長州征討では、薩摩藩は出兵を拒否、そして薩長同盟に至るのである。

薩長同盟は六カ条からなり、徳川幕府が長州を征討するのであれば、薩摩藩は軍事的にも外交的にも長州藩を支援し、朝廷に対して名誉回復を図ることなどを誓約している。

桂小五郎（のちの木戸孝允、港区立郷土歴史館蔵）

イギリス公使パークスは、どのように薩長同盟の動きをつかんだのか。この情報のもとになったのは、一八六五年九月十六日、イギリスの長崎領事が、パークスに送った書簡である。イギリスは、横浜・長崎・箱館に領事館を置き、日本全国の情勢の変化を事細かにとらえようとしていた。

「数日前、昨年イギリスから帰国した二人の長州藩士が薩摩藩士と称して、当地に姿を現している。現在、私がよく知っている薩摩藩家老の小松帯刀の庇護のもとに同藩邸に滞在

伊藤俊輔（港区立郷土歴史館蔵）

井上聞多（港区立郷土歴史館蔵）

している。彼らが薩摩藩邸にかくまわれているところを見ると、次のような意見を裏付けているように考えられる。

薩摩藩は、来《きた》るべき長州征討に関して、表面上は幕府に協力的な態度を取ってはいるが、実態は異なる。すなわち、薩摩藩は長州藩を擁護することに全力を尽くしているのだ」

二人の長州藩士とは、伊藤俊輔と井上聞多のことだ。

外国船を打ち払えと唱えていた攘夷派が、親イギリスへと変わったり、対立しているはずの薩摩藩と長州藩が密かに軍事同盟を結ぼうとしていたりと、こうした出来事が幕末史の複雑なところでもあり、激動の時代ならではのダイナミックなところでもある。

ともあれ、薩長はイギリスから武器を大量

購入して軍事力を強化していた。かたや、徳川幕府も富国強兵をかかげ、イギリスから武器を購入している。

いわばイギリスから流れ込む武器が日本の内戦を煽《あお》ることになっていくのだが、そのことをイギリス本国やパークスたちは、どうとらえていたのだろうか。日英関係史に詳しいLSE教授のアントニー・ベスト氏は語る。

「武器を日本に輸出した結果、幕府と反幕府勢力の戦いを煽ることになりますが、それはイギリスが関知しないことでした。日本をどの勢力が統治するかは重要ではありません。最優先すべきは、イギリスの利益だったのです」

外務大臣ラッセルがパークスに送った訓令

イギリスにとって、日本を統治する勢力が誰であるかというのは、究極的に言えば、重要視されていなかった。そのようにイギリスが考えるようになった背景が記されているのが、一八六五年八月二十三日、外務大臣ラッセルがパークスに送った訓令だ。

幕末日本への洞察が詳細に記されているため、少し長いが解説を交えながらその骨子を引用する。

「最近、日本からイギリス政府に届く報告によれば、日本で大規模な社会革命が発生しており、その結果、内乱が起きるかもしれない、という結論に導かれる。このような国内の混乱はほとんどと言ってよいほど、近年、日本と諸外国との間に生じた新しい関係に起因するように思われる。

それまでは、すべての外国人を日本から徹底的に排除する政策が幕府によって保持されていた。そのことが幕府という政治体制を数世紀にわたって成立させてきたのである。ところが近年、将軍と諸外国との間で結ばれた条約と、その結果生じた日本と世界との交流は、日本の状態や幕府、大名の政策・思想に根本的な変化をもたらした」

自分たちの存在や通商条約が、日本の内戦に関係していることをイギリス側が理解している内容である。次の文面に出てくるエルギン卿とは、一八五八年に日英修好通商条約を締結した外交官だ。通商条約を通して、日本国内の政治体制に深い理解を示していることが訓令には書かれている。

「エルギン卿は、日本へ行ったとき、将軍が日本の事実上の主権者であり、将軍に対する服従が一般的に広く行われていることから、将軍が日本国民を代表して諸外国と条約を締結する権力を保有していると見なした。したがって、エルギン卿は日本を代表する将軍と条約を調印し、批准《ひじゅん》したのである。

しかし、日本に駐在する諸外国代表が幕府と緊密な関係を結ぶにつれて、将軍よりもさらに高い次元の権力が存在することを知るようになる。将軍が行使する権威とは、天皇と呼ばれる精神的君主によって委任されたものであるということだ。ある種の日本人は、将軍との間で結ばれた条約が拘束力を持つためには、天皇の批准を得なければならないと主張する。

イギリス政府は当然の権利にしたがって、将軍は日本における最高の権威の保持者であり、我が国と条約を締結する権力を持っていると想定し、将軍は条約によって拘束されていると考えてきた。イギリス政府は将軍に対し、困難を考慮に入れて、その条項の修正に同意してきた。イギリス政府が、新潟や兵庫の開港の延期に同意したのは、この精神にしたがったものである」

イギリス側は、日本には、将軍と天皇という二つの権力があり、その複雑な政治体制を条約締結後に理解したということが書かれている。

今度は、幕府に対して、つのっていく不信感が綴られている。

「幕府は、条約上の義務を履行する意思を最初から表明してきたが、同時にそれを完全に果たすことは不可能であると述べてきた。幕府の言い分によれば、その理由は二つある。

一つ目は、外国人を嫉妬と嫌悪の眼でながめる日本国民の反対のためであり、もう一つは、外国とのいっさいの交流に反対であり、将軍の権力が及ばないほどの有力大名の悪意のためであると言うのだ。日本で発生した外国人の殺害事件や外国船への砲撃事件は、このような幕府の主張を裏付けるように思われた。しかし、幕府の言い分が真実であるかどうかについて疑問が生じてきたのは、我々が二つの強力な藩を打ち破ってからである」

文書に記された二つの藩とは、薩摩藩と長州藩のことである。薩英戦争と下関戦争でイギリスが両藩を打ち破ったことを示している。そして、攘夷派の中心であった薩摩藩と長州藩は、戦いに敗れた後、イギリス公使のもとに使者を派遣して、驚きの発言を行ったことが報告されている。

「これらの使者によれば、長州や薩摩が外国人を攻撃し、外国人との交際に反対したのは、将軍の命令であったという。長州や薩摩は、外国との交際に反対であるどころか、逆に外国人のために港を開く用意があり、それができないのは、将軍が妨害しているからだというのである。

長州や薩摩の言い分によれば、将軍は外国貿易を独占し、競争相手となるような有力大名に外国貿易の分け前を与えないようにしているというのだ。このような言い分は、最近、薩摩と長州の両藩主によって採用されている政策によって立証される。両藩主は、イギリスに青年を留学させ、またイギリス政府と緊密な連絡を取るため、当地に藩の役人を派遣しているのである」

この記述には注釈が必要だ。開国当初、薩摩や長州は攘夷を唱えていた。その後、イギリスとの戦争に敗れ、その方針を転換させたというのが、時系列的には正しいところである。

しかし、その経緯はどうあれ、イギリスは、外国人にとって脅威である攘夷派は事実上いなくなったのだから、これまで幕府が言ってきたような攘夷派による危険や軋轢があるから日本の貿易を加速できないという言い分を、もはや聞く必要がないと考えるようになっていく。

「いまや幕府が言うような危険は事実上存在せず、あらたに日本の港を外国貿易のために開放することは、いくつかの大名や日本国民によって大きな満足をもって迎えられるように思われるのである。いくつかの主要な大名が、前途有望なイギリス貿易のために、その港を開く用意がある場合、イギリス政府は幕府が唱える不十分な根拠に基づいて、それらの港からイギリスが排除されるのを黙って見ているつもりはない」

外務大臣ラッセルは、イギリスと日本との自由貿易が最大限に拡大する体制を築くようにパークスに命じて訓令は終わる。

「イギリス政府は以上に述べたことが、現地における貴下の観察と一致するものであるかどうかを知りたいと切望している。私は日本の実情に関する貴下の報告に全幅の信頼を置くつもりである」

西郷がパークスに要求したものとは？

こうした本国からの問いに答えるため、公使パークスは直接、長州や薩摩と接触するようになっていった。

新暦一八六五年十二月、パークスは下関で、高杉晋作や伊藤俊輔らと会談し、その内容を次のように報告している。

「何人かの大名は諸外国と通商関係を結びたいという意向を表明したが、彼らを突き動かしている動機をまず確かめてみる必要があると考えた。調べてみると、その動機は徳川幕府が、海外貿易で財源を増やし、軍事力を強化していることへの嫉妬心であることがわかった。

長州や薩摩は、船舶や武器、弾薬の調達を斡旋《あっせん》してくれる外国人をつかまえることができれば、それで満足するであろう。彼らは、領内の物産と引き換えに、軍需物資を手に入れたいと思っているのである。いずれにしても、いまや幕府と大名の双方が外国貿易の発展に強い関心を示しているのは我々にとって喜ばしいことである」

さらに一八六六年には、パークスは、ジャーディン・マセソン商会の長崎代理店グラバー商会の仲介によって、薩摩藩主と面会する。その意義を本国に次のように伝えている。

「閣下はお気づきのことであろうが、これは我々が日本と条約を締結して以来、幕府の職に就いていない一大名が、外国公使と個人的な交際を持とうと自ら進んで申し出てきた最初の例である。この友好的な申し出が、かつて我々が厳しい罰を加えねばならなかった藩主から来たということも注目すべきことである」

これまでパークスは長州藩の高杉晋作や伊藤俊輔らと会談を行っているが、それはあくまで家臣レベルとの交流であった。薩摩藩の場合は、藩主が主体的にイギリスと交流を持ちたいと申し出てきたことが重要であると語っている。

また、我々が厳しい罰を加えたというのは、生麦事件から発展した薩英戦争のことを指している。圧倒的な軍事力を後ろ盾に、かつて敵対した勢力の政策を転換させることができたことを特筆すべきこととして、強調している。

七月二十七日（旧暦六月十六日）、パークスは鹿児島を訪問する。薩摩藩の記録『薩藩海軍史』には豪華な宴席をもうけて、パークス一行をもてなした様子が伝えられている。

「四十五品の珍味を供へ、其調理日本の精巧を極め、日本酒「シャンパン」「セリー」「ビール」備はらざる者なし」

五時間を超える宴席には、藩主の島津茂久《しげひさ》に、その父、久光が出席。翌々日の二十九日にはパークスは西郷隆盛との政治会談を行う。三十日と三十一日には、薩摩藩主らをイギリスの戦艦に迎え入れ、軍事訓練の様子を紹介した。

五日間にわたる会合について、パークスはハモンド外務次官に「我々の薩摩訪問は成功した。将来、イギリスの軍艦が薩摩を訪問する際には、かならず友好的な歓迎を受けるであろう」と報告している。

西郷隆盛（国立国会図書館蔵）

ちなみに、七月二十九日（旧暦六月十八日）の西郷隆盛との会談内容について、パークスは本国に報告を行っていない。どのようなことが話し合われたのか、西郷が京都にいた薩摩藩家老の岩下方平《いわしたまさひら》にあてた書簡に、その記述が残されている（『西郷隆盛全集 第二巻』）。

会談では西郷がパークスに対して、徳川幕府を糾弾するよう迫っていた。

持ち出したのは、先に触れた一八六五年、イギリスが天皇から通商条約の勅許を引き出すため、兵庫沖に艦隊を派遣した事件だった。通商条約について勅許を得られない場合は、京都へ進攻すると通達するイギリス。そのタイムリミットぎりぎりに一橋慶喜が、天皇から勅許を引き出し、事なきを得た出来事だ。実はこのとき、イギリスは通商条約の勅許と共に、兵庫の開港を要求していた。

これに対し、天皇は勅許を出したが、兵庫の開港については拒否を示していた。

しかし、その旨をそのまま伝えれば戦争になるかも知れないと危惧した徳川幕府は、兵庫の開港を一八六八年には行うとイギリス側に伝えていた。

西郷は、こうした経緯を持ち出し、徳川幕府は、天皇と諸外国すべてを欺《あざむ》いているので追及すべきである、とパークスに伝えたのだ。

書簡によれば、パークスは当初、内政不干渉の立場を主張していたが、西郷が国内事情やイギリスにとっての利害を詳細に説明したところ大いに納得した。パークスは、幕府の失策を語り始め、心を開き、会談するようになったと言われている。

西郷はパークスに、諸外国との条約や外交を幕府から朝廷へと移したいという意向を伝えた。これに対しパークスは、その場合、これまで幕府が行っていた外交交渉はどうなるのかと尋ねた。すると西郷は「朝廷から五、六藩の諸侯に外交交渉を委ねる」と、雄藩連合による合議制の構想を述べた。

この会談の首尾について、西郷は大久保利通にも書簡を送っている（『西郷隆盛全集〈第２巻〉』）。

「大概見込み通りはやり付け候……（中略）……欺かれ候えば致し方なく、随分幕手を英は打ち離し候」

パークス側の真意ははかりかねるが、西郷はおおむね自分の意図していたように会談を進めることができ、イギリスの心は幕府から遠く離れたようであると伝えている。

パークスは、西郷との会談で何を思ったか。

時を同じくして、徳川幕府への心証を悪くするニュースがパークスのもとに飛び込んできた。

幕府老中・小《お》笠原《がさわら》長行《ながみち》が、各国の船は下関海峡の通航を見合わせるよう通告してきたのだ。天皇の勅許に端を発し、徳川幕府は長州藩の征討に乗り出していた。第二次長州征討だ。幕府と長州が戦ったことから幕長戦争とも呼ばれ、以後、本書ではこの表記にのっとる。

幕府にとっては、火の海となる戦場から外国船の退去を通達するものであったが、経済的利益を最優先するイギリスにとって、日本の内戦で貿易が阻害されることは許されることではない。パークスは、戦場となる下関へ向かう決断をする。

フランスのロッシュの主張に反抗した桂小五郎

ここで、この時期に書かれたフランスの外交文書から日本とイギリスの関係を見ていく。

一八六六年二月、フランス駐日公使ロッシュが、本国にいるドルアン・ド・リュイ外務大臣に宛てた報告書の中で、イギリス公使パークスが反幕府勢力とつながりを持つことを強く非難している。

「フランスの最善の政策は、我々と関係を結んでいる徳川幕府への信頼をさらに高めていくことである。将軍に敵対している反幕府勢力に接近するという分別のない行いは、それがどれほど些《さ》細《さい》なものであろうと、信頼関係を破壊してしまう」

さらに、ロッシュは薩摩や長州に対しても強い警戒心を抱いていた。

「幕府は通商条約に調印し、それを履行する意思があることを証明してきた。一方で、反幕府勢力は多くの外国人の殺害を命じたり、外国船を砲撃したり、公然と外国人の追放を唱えたりしてきた。我々がいずれの勢力と関係を結ぶかは、疑問の余地がないことである。私は他の諸外国もこの意見に同意することを切望する」

ロッシュの言い分はこうだ。徳川幕府は諸外国に対して、武力行使したことはない。一方、反幕府勢力は攘夷を掲げ、外国に対するテロ事件を起こした前歴がある。こうした点から、ロッシュは徳川幕府を支援する立場を取っていたのだ。

また、この頃になると、幕府の老中たちがロッシュを信頼し、イギリスに関する相談を頻繁に持ちかけていることも書簡からうかがえる。一八六六年八月、ロッシュがフランス本国に送った報告書には、次のようなことが書かれている。

「イギリス公使は、瀬戸内海経由で長崎に向かいつつある。我々は、パークスが将軍に好意を持っていない諸大名と関係を結ぼうとしていることを把握している。徳川幕府は、イギリスを疑いたくないが、諸大名の悪意がパークスに与える影響を恐れている。そこで、ロッシュ殿に視察に向かわれることをお願いしたい」

徳川幕府は、ロッシュに反幕府勢力とパークスの動向を監視するように依頼していたのだ。

ロッシュもこれに応じて、薩摩藩との会合を行うパークスを追いかけて、視察の旅に出ることになった。

ロッシュがパークスと面会したのは長崎。すでにパークスは薩摩藩との会合を済ませ、長崎を経由して、幕長戦争の舞台である長州藩に向かおうとしているところだった。

そこでロッシュは、パークスに同行して長州藩に向かうことになる。

このときの様子をパークスは、イギリス本国に知らせている。

「我々は横浜への帰路、下関海峡を通過しなければならないのだから、一緒に赴《おもむ》くのが望ましいと意見が一致した。幕府と長州の陣営のうち、どちらが戦争を避けようとしているのか、実際の情勢を確認するためである」

パークスとロッシュが下関に着いたときには、すでに幕長戦争は始まっていた。二人は事態を早急に沈静化させる意思があるかどうかを、両勢力から聞き取りしている。

まず、ロッシュによる長州藩への聞き取りを紹介する。

「長州は将軍と対等に交渉することを主張しているという事実から見て、私はいかなる種類の調停も不可能であると確信するのに長くはかからなかった。長州は将軍こそ謝罪する義務があるとまで言い張っている」

ロッシュに対して、こうした主張をしたのは、長州藩の桂小五郎だった。

桂は同じような意見をパークスにも伝えている。パークスの報告からは、なぜ幕府との関係がこじれてしまい、幕長戦争に至ったのか、長州側の言い分が詳細にわかるので引用する。

「幕府は、長州が外国人と親しい関係にあることに反対している。外国人と条約を締結しようとしていると我々を疑っているのだ。幕府との議論の中で、我々が外国人と行った数々の交際が、藩主の罪として問われていることを把握した」

桂は、幕府が長州藩主に与えようとする罪は、不当なものであると述べていた。

かたや幕府は、長州藩が過激な攘夷を行ったり、天皇を危険にさらす政変を企てたり、外国勢力と接近を図ったりする姿勢を危惧していた。そこで幕府は天皇の勅許を機に、長州藩に重い処罰を下す決断をした。

老中・小笠原長行が、長州藩主の領地一〇万石の削封《さくほう》、藩主父子の蟄居《ちつきょ》などの処分を受け入れなければ、幕府は長州を攻撃すると迫ったことが幕長戦争の経緯である。

この事態に対し、桂の説明は続く。

「我々は屈服するつもりはなかった。幕府が最初に攻撃してくることを待っていた。幕府の軍艦が長州藩に来航、村を砲撃し、民を殺し、食料を強奪していった。このような非道に抵抗し、我々は立ち向かうべきときが来たのである。我々は戦争を非常に残念に思っており、英仏の両公使が日本の平和を望むに至った真意をありがたく思っている。

しかし、我々は攻撃をしかけられ、自己防衛をしているのであるから紛争解決のための提議は、いま我々によってなされることはできない。我々は藩主に武器を取って立つよう力説し、藩の防衛のために一体となることを宣言する」

桂は、「あくまで先制攻撃をした徳川幕府に非があり、長州藩は正当防衛として戦っている」と主張した。幕長戦争では、幕府の勢力は一〇万人、対する長州軍は三五〇〇人あまりと言われている。圧倒的な兵力差があるなかで、桂はなぜこうも強気な姿勢を貫くことができたのか。

長州を勝利に導いた新型ライフル銃

その手がかりを探すため、我々取材班は山口県萩《はぎ》市の明倫学舎《めいりんがくしゃ》を訪ねた。

享保四年（一七一九）に五代藩主の毛利吉元《よしもと》が教育のために開いた萩藩校明倫館をルーツに持ち、吉田松陰も教鞭を執ったことがあり、幕末、長州藩が実戦で使った武器を収集している。

明倫学舎で幕末資料専門員をつとめる小川忠文氏が見せてくれたのは、イギリスから長州側に譲られたというライフル銃。砲身には、「TOWER（タワー）」という文字が刻印されていた。この刻印は、イギリスの造兵廠《ぞうへいしょう》で作られ、ロンドン塔でチェックしたという証である。

当時、長州藩では蘭学者で西洋軍制に精通していた大村益次郎を最高責任者として抜擢し、軍制改革を進めていた。大村益次郎が力を入れていたのは、従来のゲベール銃から、価格が三

後方装塡式ライフル銃に刻まれている「TOWER」という文字（萩博物館蔵、写真提供：NHK）

倍以上もするミニエー銃への転換だ。両方とも弾丸を銃身の前から込める前方装塡式の銃であるが、違いは銃身の内側にある。

ゲベール銃が、銃身の内側がなめらかで、丸い弾丸を装塡するのに対して、ミニエー銃の弾丸は椎《しい》の実形になっており、銃身にはライフリングがほどこしてある。そのメカニズムにより、かつて下関戦争で猛威を振るったアームストロング砲のライフリング効果と同様の威力を発揮する。発射された弾丸には回転がかかり、弾道が安定。ミニエー銃の命中精度は、ゲベール銃の五倍と言われている。

さらに近年、大村益次郎の文書が研究される中で、長州藩はミニエー銃よりも強力な最新兵器を手に入れていることがわかってきた。

長州藩の取引記録の中には「元込め式」の

文字。元込め式とは、銃身の後方から弾丸を入れる後方装塡式ライフル銃のことである。これまで長州軍が後方装塡式ライフル銃を使ったのは、一八六八年の戊辰戦争が最初と言われてきた。しかし、一八六五年頃の長州藩の帳簿に入手記録が見つかったことから、幕長戦争の段階から、一部は後方装塡式ライフル銃を使っていたと考えられるようになってきている。

実際の所、後方装塡式と、前方装塡式では何が違うのか、イギリス王立武器庫で軍事史を研究するニコラス・ホール氏の監修のもと、比較実験を行った。

まず前方装塡式ライフル銃に弾丸を装塡してみる。弾丸を銃口の先から込めるには、細長い棒を使い、弾丸を奥へ奥へと押し込んでいく必要がある。このとき、弾丸をうまく押し込むためには、銃の持ち手を地面につけ、銃口を上にしなければならない。そして装塡がようやく完了したら、銃を構えるという手順になる。

それに対し、後方装塡式ライフル銃は、右のような装塡準備が必要ない。引き金近くにある装塡口に弾丸を込めるだけで、銃口を対象から外すことなく装塡できる。これによって、発射までの時間は四分の一に短縮されることになる。

ホール氏は、実戦において後方装塡式ライフル銃は、さらに真価を発揮するという。

「後方装塡式ライフル銃は、すばやい攻撃態勢と、精密な射撃を可能にする。敵の先手を取ることで、キルレート（殺傷率）が統計的に高くなる」

実際の戦場では、いかに相手より速く、正確に銃弾を撃ち込むかが生死を分けることになる。ときには障害物に隠れ、スナイパーのように相手に気づかれることなく、狙撃を行うことが必要になってくる。

その場合、前方装填式ライフル銃では、起き上がったり、中腰の姿勢にならなければ、銃弾を装填することができず、敵に身をさらす確率が高くなってくる。それに比べ、後方装填式ライフル銃では、身をかがめ、匍《ほ》匐《ふく》前進のような姿勢からでも弾丸を込めることができる。いわば、ゲリラ戦のような戦闘に向いている最新兵器なのだ。

大村益次郎(国立国会図書館蔵)

長州藩が得意とした戦術も散兵戦という、ゲリラ的な戦闘方法だった。

散兵とは、兵士を適当な距離に散開させて行う戦法で、少数の兵で多数の兵に立ち向かう場合に有利ではあるが、兵士が広く散開しているので、指揮官の命令が行き届かないというデメリットがあった。要は、兵士各々に自発性が要求されるのだ。

かつて下関戦争で長州に上陸したイギリス

坂本龍馬（高知県立坂本龍馬記念館蔵）

兵などが、この散兵戦のような戦い方をしていたとされるが、従来の日本の戦闘方式とはかけ離れていた。武士の戦いと言えば、位の高い人物が馬にまたがって指示を出し、その周辺にかたまる鉄砲隊が指示に従って攻撃を開始するというイメージがある。

長州藩の軍制改革を進める大村益次郎は、そうした旧来の戦闘方法を改め、兵士の独立心や自発性を重視した軍事訓練を重ねることで散兵戦の効果を最大限発揮できるよう努めていた。

恐るべき性能を秘めた西洋兵器に、その威力を発揮する新たな戦術。幕長戦争に万全の準備を整えようとする長州藩だが、その後ろ盾となっていたのは、前述した薩長同盟である。薩摩藩はイギリスの武器商人の融資によって、大量の兵器を手に入れていた。

しかし、薩長同盟は水面下で行われていたため、おおっぴらに武器を渡すことはできない。そこで、坂本龍馬が設立した貿易商社・亀山社中が橋渡し役となり、長州藩に最新兵器を届けていた。坂本が書いた手紙にも、幕長戦争で、自らが戦地に赴き、武器を届けていたことが記されている。

パークスの差配が長州を有利にした

一方の幕府軍は、どのような戦略を立てて戦おうとしていたのか？

幕府軍の指揮を執るのは、老中・小笠原長行だ。長州藩と下関海峡をはさんだ小倉《こくら》に本陣をかまえていた。六月二十五日（旧暦）、フランス公使ロッシュと開いた秘密の会合で具体的なプランを話し合っていた。小笠原は長州征討を開始してからすでに一年半にもなり、ここで止めてしまうと他の諸藩が幕府の命令を聞かなくなってしまうと心境を明かしている。

こうした幕府の立場にロッシュは理解を示すとともに、かつて自身も従軍経験がある異色の外交官という立場から、幕長戦争へのアドバイスを行っている。

防御の面では小倉湾に停泊している幕府の軍艦が一隻では長州藩の襲撃に対して不安があるため、三〜四隻は配備する必要があると伝えた。攻撃作戦としては、相手の補給ルートを断つため、外国船による長州藩への武器密売を防ぐことを念頭に置いた幕府の軍艦の配置を指示した。

ロッシュの情報を受けた幕府軍は、長州を四方向から包囲し、長州軍の重要拠点がある下関には、主力艦隊を送り込み、攻め落とす計画を立てた。

近代的な海軍を擁し、圧倒的優位のはずの幕府軍だったが、イギリス公使パークスが戦局に介入してきたことで、想定外の事態が起こる。

ロッシュとの会談翌日の六月二十六日（旧暦）、パークスは老中・小笠原長行を訪ねた。会談では、パークスは幕府の下関封鎖に対して苦言を呈している。パークスがイギリス本国に送った報告書から会談内容を追っていく。

「幕府の長州に対する戦闘準備の結果、外国船が下関海峡の通航を停止しなければならないという趣旨は、昨年すでに諸外国の代表と幕府との間で取り決めた約束と一致しない」

パークスが持ち出したのは、下関戦争後に幕府と結んだ賠償金に関する協定だった。協定では、下関海峡の自由通航の確保をうたっていることから、この度のような日本の内戦によって外国船の往来が停止されることは、取り決めに反するというものだった。

小笠原は、パークスに譲歩しながらも反論する。

「戦争が勃発した場合、海峡の通航には危険がともなう。幕府軍が海峡を通る船の航行を妨害したいからではなく、戦闘中に海峡を通る場合は、その船が受けるかも知れない被害に対して責任を負うことができないからだ」

小笠原は砲撃に巻き込まれても、それは自己責任であると伝えることで、イギリスが通航を抑制することを狙った。また、幕長戦争の原因についても、長州側にあるとパークスに述べている。

「幕府軍は長州の大島に最初の攻撃を行ったのではあるが、しかし、その六週間前に、長州は備中《びっちゅう》に略奪者を送り込んでいる。戦争を開始した責任は、長州側が負うべきである」

小笠原は幕府が攻撃を行う前に、長州の奇兵隊が幕府の直轄地である倉敷の代官所を襲撃してきたことを説明した。この事件を以《もっ》て、長州が幕府側に対して先制攻撃を仕掛けてきたと主張する。

パークス公使は、長州側、幕府側双方の言い分を聞いた後、イギリス本国への報告をこう締めくくっている。

「我々が両陣営を調停する申し出は、どちら側からも必要とされていないことを確認した。幕府・長州の双方が武力で決着をつけようと決意したように思われる。交渉のときはいまや過ぎ去ったと明白に宣言したのである」

交渉によって事態の沈静化が図れないのであれば、もはや下関に用はない。パークスは、ロッシュと共に引き上げることにした。

残る課題は、いかにイギリスの通商の自由を守ることができるかという点だ。パークスは江戸に戻り、老中の井上正直《まさなお》と会談し、新たな寄港地を要求した。

「外国船はこれまで下関で石炭などの補給を受けるという機会を享受してきた。これを奪われることになるのであるから、海峡の西の入り口に位置している町・小倉で同様の便宜が外国船に与えられるべきである」

パークスは下関に代わる寄港地として、小倉を提供することを条件に、外国船が下関海峡に停泊することを禁止する幕府の主張を認めた。しかし、パークスは、あくまでも取り決めにのっとり、海峡を通航することを主張し、幕府側は結局、同意せざるをえなかった。海峡通航に際して、パークスは、次のような規則を公布している。

「イギリス船は、下関海峡の入り口を含む四マイルの水域内において停泊したり、停止したりすることを禁止する。また、イギリスの軍艦によって危険であると警告されたときには、下関海峡を利用することを禁止する」

パークスがこだわり続けたのは、外国船の航海の安全を守ること。そのためにイギリス海軍の監視船を下関に派遣することを取り決めた。それによって、徳川幕府が長州藩を攻撃する場合は、事前にイギリス海軍に通達する必要が生じることになった。もし、イギリス側に通達なく戦闘が始まり、砲弾が外国船に当たったら、幕府の責任問題になりかねないからだ。

かたや、もし長州軍の砲弾が外国船に当たっても、最終的な責任は、国の舵取りを担う幕府に帰結することになる。どちらに転んでも窮するのは幕府だったと、アントニー・ベスト教授は語る。

「幕府は重大な問題に直面しました。幕府軍と長州軍の戦闘に外国船が巻き込まれる危険性は大いにありました。その報復を名目に、イギリス軍が全面的に戦争に介入してくる恐れがあったのです」

あくまでも決められたルールに基づき行動するよう幕府に迫るパークス。しかし、長州藩に対しては、必ずしもそうではなかった。

幕長戦争にあたり長州藩は砲台を新たに建造し、大砲で武装した。長州藩は一八六四年の下関戦争でイギリス側と和議を結んだ際に、新たに砲台を築かないという協約を結んでおり、そのことに違反していた。イギリスの監視船は長州が砲台を築いていることを察知し、パークスに報告したが、その事実を黙認する態度を取っているのだ。

「私は長州側の砲台建設を特に注目すべき問題として取り上げる必要があるとは考えていない。大砲の撤去を要求するとなれば、他の諸外国の代表と共同で行われるべきであろうし、イギリスの利益に対して、なんらかの危険が憂慮されるような理由をみないかぎり、干渉することは差し控える」

パークスは、中立の立場をとり内戦介入はしないと語った。

しかし、結果的には幕長戦争におけるパークスの差配は、長州藩に有利に、徳川幕府に不利に働いた。

最もその影響が出たのが、六月十七日、七月三日、二十七日（すべて旧暦）の三回にわたって戦闘が繰り広げられた幕長戦争・小倉口の戦いだ。

パークスが語った幕府の真の敗因

パークスが下関海峡での外国の貿易船の通航の自由を主張したため、その要求を受け入れた幕府軍の軍艦は思うような配置につけなかった。この隙をついたのが、長州軍だった。防御が手薄になった幕府本陣に忍び寄り、長州軍の主力・奇兵隊が上陸に成功した。

奇兵隊に同行していた坂本龍馬は、幕府が総崩れになる様子を目撃し、その様子をのちに手紙に書き留めている。

「銃にて久しく戦時ハ必そこに拾人、かしこに弐拾人、或ハ三四拾人計り、銘々人の蔭により集り候。是ハ戦になれぬ者にて、か様ニなり候方ハ、いつも死人多くなり、まけ中ものにて候。強きものハか様にハならぬものにて候。先年英人長州にて戦しに船より上陸するとばらばらと開き、四間に壱人宛計りに立並び候」（慶応二年十二月四日）

長州軍は散兵戦を展開。かつて下関戦争でイギリス軍が行ったように、長州軍は幕府本陣へと上陸を果たすと、散り散りになって動き回り、幕府軍を翻弄《ほんろう》した。

さらにイギリスの商社がもたらした武器が真価を発揮することになる。長州軍が幕府軍の指揮官や兵士を次々に狙撃したことで、幕府軍の指揮命令系統は混乱していく。

幕府の戦況が不利に傾く中、追い打ちをかける出来事が起こる。

七月二十日（旧暦）、一四代将軍・家茂が死去する。次の将軍となったのは、徳川慶喜だった。自ら出陣して長州藩を討伐することに強い意欲を見せ、巻き返すための準備を整える。

八月二日、慶喜はフランス公使ロッシュに軍艦と鉄砲の購入を依頼する書簡を発する。慶喜の依頼に対し、ロッシュは二つ返事で答える。フランスへ飛脚船を遣わして銃砲の備えのある軍艦をすぐさま取り寄せることを約束した。

しかし、時すでに遅く、幕府本陣がある小倉は落ちてしまった。フランスの力を借りた軍備増強は間に合わず、四カ月に及んだ幕長戦争は、幕府の威信を地に落とす結果となった。

イギリス公使パークスは、幕長戦争の顚末《てんまつ》について本国にこう報告している。

「長州軍の成功はその兵士が、戦っている相手方よりも優れた武器を持っていたということに帰結する。長州軍の大部分は、性能の高いライフル銃を装備しており、それを使い慣れている。これに対して、幕府軍の部隊は大多数が旧式の武器を装備している。幕府軍の失敗は、隠し通すことができないものである」

イギリスから最新兵器を大量に購入し、その取り扱いに熟達したことが長州軍に勝利をもたらしたとするパークス。事実、長州軍が取り入れた散兵戦は、それまでの武士の戦い方を一変させるものだった。

長州藩の高杉晋作が組織した奇兵隊などが散兵戦を実践できたのには、その名がしめすとおり、奇兵とは不正規の軍隊だったからである。身分にこだわらず、広く同藩の農民、町人からも有志を募り、組織された部隊だったからこそ、封建的な戦い方にとらわれることなく、新たな戦術を実践することができた。

しかし、こうした散兵戦を今後、幕府が取り入れ、さらなる富国強兵に努めることは難しいだろうとパークスは分析している。

「この変革は、武士階級がよろこんでは受け入れたがらぬものである。日本において新たな軍事制度が採用されれば、武士の重要性は大幅に減少することになるからだ。やがては武士階級そのものの終焉を招くことになるであろう」

奇兵隊が実戦したように、誰もが等しくライフルを持ち、死地へ向かうという戦い方は、武家社会のヒエラルキーそのものを否定する戦法でもあった。

これまで、幕府では位の高い武士が指揮官を務めていた。そうした身分にいた人々が、伝統的な戦い方から脱却するのは困難であるとパークスは考えたのだ。

武士階級の終焉。運命の日は刻一刻と近づいていた。

第5章

英仏露の知られざる攻防と大政奉還

大政奉還にはグレート・ゲームが深く関わっていた

一八六七年、幕末日本の運命は急展開する。

十月（旧暦）、徳川慶喜は政権を天皇に返上する大政奉還を行った。そして十二月（旧暦）、王政復古の大号令が発せられた。幕府を廃止し、天皇のもと有力な藩が共同で政治を行うよう薩摩や長州が主張したのだ。

翌年一月（旧暦）には、戊辰戦争の始まりを告げる鳥羽・伏見の戦いが勃発する。そして四月、江戸開城が行われ、徳川幕府は終焉を迎えることになる。

これまで、こうした出来事は反幕府勢力が台頭する中での政変として描かれてきた。この章では、欧米列強の動向が、どのように幕府崩壊に影響を及ぼしていったのか、その関わりを見ていく。

幕臣・小栗忠順は、これまで欧米列強と熾烈な駆け引きを繰り広げてきた。その日記には徳川慶喜が行った大政奉還の舞台裏について、こんな言葉を残している。

「世界情勢を見通された所、国際外交上にも関わるため、政権を天皇へ返上」

大政奉還に至る道のりを見ていくと、そこにはイギリスとロシア、二つの超大国が繰り広げる覇権争い、グレート・ゲームが深く関わっていたことがわかってきた。

カギを握るのは、樺太《からふと》（サハリン）。当時、樺太の南側には日本人が、北側にはロシア人が住居を構えており、双方は国境線をめぐり争っていた。一八六五年には、ロシアは日本側の住居の近くに軍事基地を建設し、翌年には日本人を拘束するなどの事件も発生した。

幕府は、こうした一連の出来事に対し、ロシアに抗議を行う。そのときのことを箱館奉行・杉浦梅譚《ばいたん》が日記に記している。抗議の対応に当たったロシア軍艦アスコリト号を指揮するケルン提督は、樺太への軍備強化の正当性を主張した。

「本来ならばロシアは平穏を第一としている。しかし、我々はイギリスを信じていない」

ロシアが語り出したのは、イギリスへの不信感だった。その真意を探るためロシアの機密資料を調べていくと、外務省の文書群に、幕末日本に対して、次のような分析がなされていたことがわかった。

「日本が弱いため、日本領土の土地はいかなる第三国も容易に占領することができ、我が国に損失をもたらす」

幕府は、幕末日本に打ち続く内乱をその権威でもっておさめられないままでいる。こうした脆弱《ぜいじゃく》な支配体制の国では、日本はイギリスなどの第三国に容易に占領されてしまうとロシアは分析していたと、ウィリアムズ大学で日露関係史を研究するビクター・シュマギン氏は語る。

「ロシアは、徳川幕府の体制は脆弱であり、外国人を排斥しようとする国内勢力を押さえつけることができないと見ていました。そのため、日本は、政治的に崩壊の危機に瀕《ひん》しているとは言わないまでも、その支配体制が極めて弱いことから、他の海外勢力が入り込んできた場合、容易に影響力を行使できる国だと分析していました。グレート・ゲームにおいて、日本は潜在的な不安定要因として捉えられていたのです」

ロシアの立場からすれば、支配体制が弱い日本には、欧米列強の影響力がすぐに及んでしまう。そうすれば、日本とロシアが国境線を争っている樺太の問題にも、欧米列強は介入してくるに違いない……という不安が募っていた。

そこでロシア海軍元帥コンスタンチンらは、他国が樺太の問題に絡んでくる前に、樺太をロシアの影響下に置こうという構想を、ロシア皇帝へ上奏した。そして、皇帝の裁可のもとで、この度の樺太における基地建設など軍備強化が行われていたのだ。

シュマギン氏は、樺太は地政学的に、ロシアにとって譲れないものだったと続ける。

「ロシアは、もし樺太が他の国に占領されたら、海洋地域の安全保障が損なわれることを恐れていました。樺太の全部でなくても、せめて樺太を他の列強から中立化する手段を持ちたいと強く願っていたのです」

樺太はロシア本国に近い場所にある。樺太に他国の影響力が及ぶことになったら、自国の安全が脅かされることになる。また、樺太はロシアが太平洋に進出するためにも重要な場所であった。

かつてクリミア戦争でイギリスに敗れ、ヨーロッパへ至る航路を閉ざされたロシアは、極東の港を開発することにシフトした。もし樺太が他国の影響下に置かれれば、残された極東の航路にもフタをされる恐れがあった。

ロシアの行動の裏に宿敵イギリスあり

こうしたクリミア戦争から続く、ロシアとイギリスの確執が、日本に対するロシアの過剰な反応を招いたと、ロンドン・スクール・オブ・エコノミクス教授で国際関係史を研究するアントニー・ベスト氏は語る。

「ロシアは自国の安全保障について、極度の不安を抱えていました。クリミア戦争で自国の利益を大きく失った記憶が、まだ強く残っていました。そのことを、ロシアの視点から理解する必要があります。もし日本の権威が失墜すれば、樺太における日本のプレゼンスが失われ、ロシアを困らせるためにイギリスがこの地域で何かをするという可能性も出てきます。その解決策としてロシアは先制行動を起こすことになったのです。ロシアは単に膨張主義的な国家ではなく、イギリスの脅威に反応して行動を起こしていたのです」

ロシアの行動の裏には、宿敵イギリスへの不安があった。そして一方のイギリスも、ロシアの野望に強い危機感を抱いていた。

一八六六年六月、駐日イギリス全権公使パークスが、外務次官ハモンドに送ったプライベートレターには、樺太で起きた日本とロシアの衝突について克明に記されていた。

「今朝入ってきた情報によると、ロシア人は去る四月二十三日に八人の日本人を捕らえ、アムールへ送り出したという。ロシア側はこの紛争を解決する気はない。ロシアを監視すべきだというあなたの判断は正しいと信じています。ロシアは樺太、そして蝦夷《えぞ》を獲得しようとするでしょう」

イギリスは、ロシアが樺太だけでなく、蝦夷地（現在の北海道）まで影響力を拡大してくるに違いないと想定していた。イギリスは、かつてロシアが対馬事件を起こしたことを忘れてはいなかった。アジア権益に食い込みたいとするロシアが、樺太の軍備強化だけで終わらせるはずがないと警戒を強めていたのだ。

パークス公使は、なんとしてもロシアを食い止めたかった。だが、日本は内戦に追われ、ロシアに対抗する力に乏しかった。そんな中、パークスが見いだした打開策の一つが、日本の統治方法を変えることだったと、ベスト教授は語る。

「パークスは日本の統治方法を変える必要があると痛感していました。強固な統一政権が誕生すれば、ロシアに狙われることもなくなります。日本の政治体制の刷新を期待していたのです」

大英帝国の権益を守れる政府が望ましい。ロシアのさらなる南下を恐れるパークスは、日本は新たな体制で再統一されるべきだと考えるようになっていく。

しかし、そうしたパークスの認識は、誤解に基づいたものだったと、シュマギン氏は指摘する。

「イギリスは過去のロシアの行動から、際限なく侵攻してくると思っていました。樺太や対馬でのロシアの積極的な行動を見れば、ロシアが北海道に入ってきて、できるだけ多くの領土を奪おうとするのではないかという不安が広がるのも当然のことでしょう。

しかしロシアの機密資料からは当時、樺太以外に進出の意図がなかったことがわかります。大国同士の不信感が、幕府の存亡に影響を与えたというのが真相なのです」

日本再編を企む公使パークス

パークス公使は、「日本には大英帝国の権益を守れる政府が望ましい」と考えた。

このとき、注意しなければならないのは、パークスは、幕府を滅亡させようとしていたわけではないということだ。つまり薩摩や長州藩を擁立し、新政府を樹立しようとしていたわけではない。イギリス本国からは、政治体制の一新を日本に促すことは期待されていたが、それは

徳川慶喜（茨城県立歴史館蔵）

あくまで日本人の手で行われなければならないという指示が出されていた。

徳川幕府が新体制に生まれ変わり、イギリスの国益に最もふさわしい相手なら、パークスはそれも良いと考えていたことをうかがわせる記録が残っている。

一八六六年十月、パークス公使は、ハモンド外務次官へプライベートレターを送っている。そこに書かれている一橋とは、一四代将軍・徳川家茂の死によって、次期将軍となる徳川慶喜のことだ。

「一橋は、現在のような機会にこそ望まれている人物であると、一般に見なされているようである。彼が、諸藩の有力大名を顧問に迎え入れるならば、内戦を回避できるかもしれない。有力大名が欲しているのは議会、大名会議であるからだ」

「新しい政治体制を形成することこそ、日本の課題である。天皇の場合には、その神格化を脱ぎ捨てねばならないし、将軍の場合には、これまで保持してきた最高権力の座を放棄しなければならない。天皇、将軍、大名の三者が争いを経ずに合意に達するならば、それは日本に大きな名誉をもたらすことになる」

慶喜の聡明さは、欧米列強の公使たちも広く知るところだった。

パークスは慶喜ならば、これまで幕末日本が抱えてきた幕府と朝廷との対立、さらには反幕府勢力の不満を解消する政治体制を築くことができるのではないかと期待をかけていた。

小栗忠順がパークスと面会する。慶喜がパークスとの会見を望んでいるという意向を伝えるためだった。そのときの様子を一八六六年十二月の覚書で、パークスはイギリス外相スタンレーに報告している。

「小栗は、できるだけ早く、私など諸外国の代表と会見するのが、一橋の希望である。さらに小栗は、来年の半ばには兵庫開港の課題が取り除かれ、幕府が前進している姿を見せられると伝えてきた」

かつてイギリスは通商条約の履行を求め、日本との全面戦争も辞さない態度で兵庫沖に進攻した。その際、イギリスとの戦争を回避するため慶喜が約束したのが、兵庫開港であり、開港準備が進んでいることを述べた。パークスとの会談で小栗は、次のように続ける。

「日本は分裂した状態でいるには、あまりにも小さい国である。一つの政府の下に統一されたときに、はじめて繁栄することができる。一橋はその政府を引き受ける決意がある。しかし、その前に一橋にゆだねられる権力が目的にふさわしいものであることを確認する必要がある」

「小栗は、一橋はまだ将軍職を受諾していないと言った。その理由を、将軍の地位は最高の支配力を伴い、すべての大名がそのことを承認するまでは、一橋は将軍職を引き受けることができないからだと語った」

一四代将軍・家茂の後継として、老中の板倉勝静《かつきよ》や小笠原長行は、慶喜を次期将軍に推した。しかし、慶喜は徳川宗家を相続したものの、将軍職への就任は拒み続けていた。断り続けて仕方なく引き受けることで、自分の価値を高めようとしたなどと言われている。

ともあれ、慶喜が将軍に就任したのは、新暦一八六七年一月十日。前将軍の死去からおよそ四カ月に及ぶ権力の空白期間が生じていた。

アーネスト・サトウと西郷の秘密会談

その前後の混乱も含めた間隙を縫って、反幕府勢力にも動きが起こる。

薩摩藩・西郷隆盛と、イギリス公使パークスの通訳官アーネスト・サトウの会談だ。サトウは通訳官という肩書きではあるが、幕末の政策に大きな影響を与えた人物である。

有名なのが一八六六年、サトウが「ジャパン・タイムズ」紙に発表した「英国策論」だ。

その骨子は、将軍は主権者ではなく、諸侯連合の首席にすぎないというもの。大名たちは外国との貿易に大きな関心を抱いている、そして、日本の政権を将軍から諸侯連合に移すべきであるという主張である。端的に言えば、サトウは徳川幕府より、薩摩や長州などの反幕府勢力にシンパシーを寄せていた。

一八六七年一月十八日、パークス公使がイギリス外務大臣スタンレーに送った報告書には、アーネスト・サトウの覚書が付随している。そこには、西郷隆盛とサトウの会話が詳細に記録されているため、少し長くなるが引用する。

サトウ「慶喜が将軍職を手に入れたことで、彼の勢力は増大したに違いない」

西郷「その通りだ。昨日までは浪人だった男が、今では征夷大将軍になってしまったのだ。慶喜は天皇に気に入られており、望めば関白にもなれるだろう」

話は慶喜への不満、そして大名会議に諸藩が出席しなかったことに続く。

西郷「我々は、この国の統治問題について、大名たちに相談があると期待していた。この数年、幕府のやり方はひどく、私の主君は幕府がこの国を滅ぼしてしまうのを黙認するわけにはいかないという意見だった。それもあり、天皇が何名かの大名を京都に招集した際は、統治に関われると考えていた。しかし、幕府にはそのつもりがないことがわかったので、我々は出席を断ったのだ」

サトウ「今の時点で打つ手はないということか」

西郷「そのとおり。我々は、慶喜の正体を三年後には暴きたいと考えている」

サトウ「三年は長すぎる。ともかく、大名会議が開かれなかったことは残念である。今年中にこの国の内戦が解決されることが極めて重要だと考えている。イギリスは日本と条約を結んでいるのであり、個人と条約を結んでいるわけではない。我々は、あなたがどのような方法で内戦を終わらせようと、それに干渉することはない。日本が天皇に統治されようと、幕府に統治されようと、連邦国家になろうと、イギリスには関係のないことだ。我々は、この国の真の元首が誰なのかをはっきりさせたいだけなのだ」

サトウは内戦に干渉しないというイギリスのスタンスを伝える一方で、幕府への不信感を西郷に伝えている。

サトウ「率直に言うと、イギリスは幕府に強い疑念を抱いている。我々は、最近の戦争で長州が幕府に勝利したことを知っている。はたして、幕府はこの国に対する最高権力を有しているのか疑わしいものがある。イギリスは、来年、兵庫の開港を要求するが、そのとき、大名たちが反対すれば、幕府は再び苦しい立場に追い込まれるだろう」

西郷「私の主君は、兵庫をこれまでの条約港と同じように開港することに反対している。我々は、幕府の私腹を肥やすため、兵庫が開港されることは望んでいない」

サトウ「あなたたちならば、どのような方法で兵庫を開港するのか」

西郷「兵庫開港に関する一切の事項を複数名の大名からなる組織にゆだねる。そうすることで、幕府が利益を独占することを防ぐことができる」

西郷とサトウのやり取りからは、薩摩が、貿易を始めとする外交の主導権を、幕府に代わって握りたいとする様子がうかがえる。

巻き返しを図った幕府の失敗

一方、幕府も幕長戦争で失墜した威光を取り戻す糸口を、外交に求めようとしていた。

舞台は一八六七年、花の都パリで開催されたパリ万国博覧会だ。

世界中の国々が特産品や最先端の技術を展示する一大イベントであり、参加国は四二カ国、七カ月の開催期間中に世界中から一五〇〇万人もの観客が詰めかけた。

初参加の徳川幕府はパリ万博を通して、自分たちの存在を国際社会で広く認めてもらい、そ

パリ万国博覧会に派遣された徳川幕府使節団。中央が徳川昭武、後列一番左が渋沢栄一（松戸市戸定歴史館蔵）

の権威を回復させることを狙っていた。

徳川慶喜自らが、自分の名代として選んだ弟の昭武《あきたけ》を代表とする徳川幕府使節団が派遣される。慶喜の出身地・水戸の藩士たちや幕臣のほかに、使節団の中には会計兼書記として渋沢栄一も参加していた。

フランスのパビリオンでは、水力エレベーターが展示された。水の圧力を使って二一メートルの高さまでエレベーターを上昇させるなど工業力の高さをお披露目する中、日本のパビリオンも異彩を放った。日本から来た芸者がたばこをのみ、茶を振る舞うなど、エキゾチックな姿が観光客に人気を博し、一日の来場者は一三〇〇人を超えたと言われている。

しかし、幕府の狙い通りにはいかない。遠く離れた異国の地にも、薩摩の影響は及んでいた。

パリ万博で、日本に割り当てられた展示スペースの三分の一が薩摩の展示スペースになっていたのだ。さらには、幕府が資金を投じて作った等身大の武者人形の前には、薩摩の紋が置かれ、まるで薩摩藩の展示物に見えるようになっていた。

幕府にとっては寝耳に水のような出来事だった。実は薩摩藩は、五代友厚と親交のあるフランス・ベルギーの貴族モンブラン伯爵の力を借り、幕府とは別ルートでパリ万博に参加するよう事前に手を打っていたのだ。

さらに薩摩藩は、自分たちを「グーベルマン太守薩摩」と名乗り、新聞社やフランスの要人の前に姿を現した。グーベルマンとは政府の意味。幕府とは別の独立した政権であることを主張し、メディアもそれを報道した。いわば幕府が日本を統治しているわけではないと受け止められたのだ。

こうして華やかな外交の舞台で、徳川幕府が威光を取り戻す作戦は失敗に終わることになるのだが、幕府はパリ万博の水面下で、もう一つの作戦を進めていた。

フランスとの関係をさらに強化し、富国強兵に努める作戦である。

一八六七年、フランスの軍事顧問団の指導の下で幕府の精鋭部隊が結成された。同時に、武器の輸入計画も進んでいた。フランスの優れた造船技術や軍事技術を学び、反幕府勢力やイギリスに対抗しようとしたのだ。

しかし、こうした幕府とフランスの動向は隠し通すことができなかった。

一八六七年三月、イギリス公使パークスがスタンレー外相に送った報告書には、「徳川幕府はフランスと契約し、兵器を購入しようとしている」と記され、情報が筒抜けだったことがわかる。

イギリスは幕府とフランスの接近に、どう対処したのか。近年、ケンブリッジ大学で見つかったパークスの書簡から、ある極秘工作を行っていたことが明らかになってきた。

パークスはロンドンの東洋銀行支店長チャールズ・J・F・スチュアートに私信を送り、幕府への資金提供を止めるべきと働きかけていたのである。幕府がフランスとまとめた計画は、実は、ロンドンの銀行から融資を受けることが条件だった。

アントニー・ベスト教授は、このときのパークスの真意を次のように語る。

「イギリスとパークスは、特にフランス公使ロッシュの行動を非常に疑っていました。最も恐れていたのは、フランス人が幕府の薩摩や長州への不寛容を助長し、不安定さを永続させることでした。また、フランスは、日本との貿易に関して特権的地位を得ようとする意図があり、それは自由貿易を侵害することになるので、パークスにはまったく受け入れがたいものでした。パークスが、ロンドンの銀行に働きかけ、融資を止めようとしたのは、幕府とフランスの武器購入計画は、反幕府勢力との争いを長引かせるだけで、近視眼的だと考えていたからです」

フランスと幕府が結びつきを強くすることは、イギリスの市場を奪われることになるので阻止したい。また、融資に関しても、権威が低下する幕府への融資は、資金が回収できないというリスクがあった。

そして、内戦が続くことは、日本の情勢をさらに不安定にし、イギリスが危険視するロシアの介入を招きかねない恐れもあった。

幕府のフランスを通じた武器購入計画は、頓挫した。

慶応三年（一八六七）十月十四日（新暦十一月九日）に大政奉還が行われ、慶喜は天皇に政権を返上した。

大政奉還から王政復古へ

大政奉還の知らせを聞いたパークスは、十一月二十八日、ハモンド外務次官へのプライベートレターで、次のような報告を行っている。

「機能不全に陥っている幕府にかわって、明確な体制が誕生する可能性が高いことを報告できるのはとてもうれしい。天皇や大君という二人の元首のうち、どちらが引き下がるのかという問題は、後者が譲歩することで解決された。

大君は譲歩を行うタイミングを正確に判断したと思われる。このような変革を生み出した大君の勇気には賞賛が与えられるべきであり、時代の要請にふさわしい人物であることを証明した」

パークスは、権力を返上した慶喜を賞賛していた。

そして、新たな国家体制を担うことになった者たちには、これからが正念場であると言葉を継いでいる。少し補足すると、次に書かれる「改革案」とは、薩摩藩と土佐藩の代表者による会議で締結された内容を指している。坂本龍馬が新国家体制の基本方針を示したとされる「船中八策」にも同様の案があり、上院・下院の二院制で公的に議会を運営しようとするものである。

「大名の改革案は、スタンレー英国外相の笑いを誘うかもしれない。この案は普通選挙制度を基礎にしたものであるが、おそらく、彼らは自分たちが行おうとしていることの意味を、まだ理解していないのだ。改革案では下院の設置を求めていることが目をひく。これにより、大名の権力にダメージを与えることになるのは避けられない。大名の家臣たちは、主君を信用しておらず、自分たちの意見を自由に表明することが認められるまで満足しないからだ。私は彼らがとんでもない要求を持ち出し、笑いものにならないことを祈るばかりである」

しかし、大政奉還によって、幕府がただちに終焉を迎えたかというと、そうではない。

近年の歴史研究では、慶喜が政治の実権を大政奉還後も事実上、握っている状態にあったと考えられている。大政奉還の後も、慶喜は朝廷の委任により政治を行っていたからだ。

こうした委任が行われた背景には、慶喜が朝廷から信頼を集め、混乱した日本の情勢を収められると見なされていたからだと言われている。

この状況は、反幕府勢力にとっては愉快なものではなかった。大政奉還からおよそ二カ月後の慶応三年十二月九日（新暦一八六八年一月三日）、西郷隆盛や公家の岩倉具視《ともみ》らは、朝廷を動かして、「王政復古の大号令」を発し、天皇中心の新政府樹立を宣言した。

岩倉具視（港区立郷土歴史館蔵）

同日夜には「小御所会議」が開かれ、徳川慶喜の政治力を奪うため、官位の辞退や領地の返上を命ずる厳しい処分を下した。王政復古の大号令は、王政復古のクーデターという呼ばれ方もする。クーデター当日は薩摩などの藩兵で御所を封鎖し、西郷の指揮の下、慶喜派の介入を排して、一気に新体制の樹立をもくろんでいた。

武力行使の構えを見せる薩摩藩。これにい

らだちを募らせたのは、内戦で日本の情勢が不安定になることを嫌ったイギリス公使パークスである。一月五日付けのハモンド外務次官へのプライベートレターには、日本国内が緊迫した空気に包まれていたことが描写されている。

「京都の状況は危機的で、新たに開いた港や都市における外国人の安全に影響する可能性は無視できない。このような半ば未開の国では、ひとたび武器が交えられることになると、邪悪な情熱が勝手に横行し出す危険はたえず存在する」

パークスと慶喜の会談が歴史を変えた

王政復古の大号令で混乱する日本。その三日後の新暦一八六八年一月六日、慶喜とパークスは会談する。会談にはフランス公使ロッシュも同席した。進退を迫られた慶喜の言葉がイギリス側の覚書に詳細に記録されているので、長めに引用する。

「大君（慶喜）は、次のように語った。

私は去年の秋、この国はもはやうまく統治できないだろうと確信した。この国には二つの中心があり、そこから相反する性質の命令が出されていた。権威の対立が生じている兵庫や大坂の開港の問題では、私自身は通商条約を遵守すべきであると確信していた。しかし、この件に関する私の表明に対し、ミカドは不本意であった。

国のために、今後の政治をどのような方法で、誰によって行うかを決定する必要があった。そのためには大名による会議が欠かせないと理解し、私はミカドに、統治権を放棄する旨を伝えた。ミカドは、私が述べたことを了解し、私の辞職を受け入れたが、民意が反映されるまで、これまで通り、国家の指揮を執るよう私に望んだ。

一月三日の正午、薩摩、芸州、尾張、越前が御所の城門を占拠し、故ミカド（孝明天皇）が現ミカド（のちの明治天皇）の後見人と顧問に任命していた摂政を解任し、ミカドの信任を得ていた公家が宮中に近づくことを禁じた。

このような形で議会の決定を先延ばしにすることは合意に反するので、私は大坂に引き下がった。今までの経緯を踏まえた上で、意見と助言をいただきたい」

慶喜は大政奉還に至った経緯や王政復古のクーデターに対して、内戦を避けるために京都を離れ、大坂に移ったことを語った。こうした説明に対して、フランス公使ロッシュは、次のように慶喜が国の将来を見据えていると賞賛する。

「昨秋、大君が取った決断を耳にしたとき、我々は大君の愛国心に感嘆の念を抱いた。この重大な問題について民意に訴えた大君の英断を確信し、何が起ころうとも、大君がその目的を達成すると信じている」

イギリス公使パークスは、慶喜の大政奉還を評価しつつも、この先の動乱をどう抑えていくべきか、具体的な策を練っていく。

イギリス公使パークスは言う。

「大君が権力をミカドに返還し、新政府の憲法を審議する国民会議を招集したことを、私は大君の家臣から聞いた。私はこれを賢明な措置と考え、我が政府にその旨を伝えた。今後の意向について大君から何か情報があれば、ありがたい」

大君（慶喜）がこれに答えた。

「薩摩の極端な行動に不満の兆候がすでに出ている。私の方針は当初から、将来の政治形態に関する問題を平和的な方法で解決することであった。ミカドの御所を背後から攻撃するのは、見苦しいことである。ミカドは、彼らの手に落ち、導かれている子供にすぎない。

私はミカドから、議会の決定があるまで政務を再開するよう命じられた。そのとき、私は軍政だけでなく、民政も引き続き任されたのだ。日本の主権者が誰であるかについては、誰もが疑いを抱くことのできない事柄である。私の目的は当初から、将来の政権について民意を汲み取ることであった。もし国民が私が権限を放棄すべきだと判断したならば、私には国のためにその権限を放棄する用意がある。

私が京都を離れたのは、流血を避けるためだ。私の目的と意図は変わらない。私は依然として、大名たちの決定によって和解する用意がある。しかし、その意見は薩摩とその信奉者数名だけで構成されてはならず、正真正銘のものでなければならない。

今この瞬間、この国の政府がどこにあるのか、私にはわからない。名目上、それは若いミカドにあるように思われるが、私自身は、彼が派閥の単なる一員であり、彼の名で政令が出されても、実際には彼から発せられたものでないことを知っている」

パークスから内戦を回避するための対策を問われた慶喜だが、慶喜からは具体的な対策は出てこなかった。かつて、慶喜を聡明な人物と評価していたパークスは、この会談を通して慶喜の評価を一変させたことを本国に報告している。

「大君の説明は、首尾一貫したものではなかった。彼は困難に押しつぶされているように見受けられた。私は彼が決断力に欠けた人物だと思っている。行動派（反幕府勢力）は大君から権力の象徴を奪い取ったが、大君はそれを奪い返すために戦うつもりはないようである。大君は、敵対勢力がいずれ自壊したり、自分に都合の良い作用が起きたりするかもしれないと期待しているのであろう。その動機が何であれ、この数日間の彼の行動を観察していると、大君は豪胆ではなく、陰険な人物であるという印象を受けた」

パークスは、日本に内戦が起こることを嫌っていた。しかし、慶喜には内戦を抑え込む手腕がなく、非戦を唱えるばかりの弱腰では、この先日本を牽引することはできないと評価したようにうかがえる文面である。

王政復古のクーデターから二十四日後、戊辰戦争の始まり、鳥羽・伏見の戦いが勃発した。日本は一年五カ月にわたる大規模な内戦に突入していくことになる。

第6章 列強のパワーゲームと鳥羽・伏見の戦い

歴史の謎を解き明かすカギは外交記録にある

戊辰戦争は、新政府と旧幕府勢力が激突した日本史上最大規模の内戦だ。はじまりを告げる鳥羽・伏見の戦いから、最後の五稜郭の戦いまで、五百十八日。その間、戦場は近畿・関東・東北・北海道と、刻一刻と変わったが、すべて国内で起きた戦いであり、日本人同士が殺し合った。

そのため疑いなく、日本史の一コマとして描かれてきた。それは無論、間違いではない。だが、この戦争は同時に、世界史の中で新たな近代国家として日本が産声をあげ、明治という新時代が走り出す契機でもあった。だからこそ国際情勢を変化させる重大事件として欧米列強の注目を集めることになった。

戦いの裏で、各国の外交官が策謀を巡らし、熾烈なパワーゲームが繰り広げられた。スパイや武器商人が暗躍し、国際的なマーケットから破壊力の大きい新兵器が日本に流れ込んだ。欧米列強の野望が渦巻く中で、密かに植民地化の企てが進められていた。まさに、内憂外患。かつてない危機に直面した戦いの諸相を、海外の公文書館で発掘した歴史資料を交えて、グローバルな視点で見直していく。

日本史と世界史の垣根を取り払うことで、幕末史の転換点となった激戦の数々をより正確に、より俯瞰的に捉えることができるはずだ。

戦いの歴史には、「勝者のバイアス」の問題もついてまわる。最終的に戊辰戦争の勝者となり、幕府から権力を奪取したのは、新政府だ。令和の日本は、明治・大正・昭和・平成と、その延長線上にある。

優勝劣敗が歴史の必然なら、新政府軍の勝利も必然であり、旧態依然とした旧幕府軍にとっては、勝ち目のない惨敗だったと思われがちだ。新選組の土方歳三、会津藩の白虎隊、長岡藩の河井継之助など、旧幕府勢力にスポットライトがあたることは多々ある。滅びゆく宿命に殉じ、時代に抗い、悲劇の英雄として哀しい結末を迎えるのがお決まりで、勝利から永遠に見放されたように描かれてきた。果たして、それは真実なのか。

バイアスの罠は、そこかしこに潜んでいる。一八六八年（慶応四）一月二十七日（新暦）に起きた鳥羽・伏見の戦いもそうだ。一年五カ月に及んだ戊辰戦争の、最初の激戦。わずか四日間の戦いだが、戦争全体の帰趨に決定的な影響を与えた、文字通りの決戦である。それは、日本の未来を賭けた戦いだった。

従来、鳥羽・伏見の戦いは、新政府軍が旧幕府軍を圧倒した一方的な戦いとして描かれてきた。新政府軍は、優れた兵器の力で、時代遅れの旧幕府軍を一掃したと語られてきた。しかし、その勝利は決して必然ではなかった。

実は旧幕府軍は、新政府軍の三倍という兵力を擁し、最先端の兵器を戦線に送り込むことができた。難攻不落の大坂城を拠点として、絶対不敗の態勢を築くことができた。軍事力で圧倒していたのは、旧幕府軍だったのだ。徳川慶喜は、勝利を確信できた。一方、新政府軍を指揮する西郷隆盛は、追い詰められていた。不利を悟り、心が折れる寸前だった。

史上まれにみる逆転劇は、なぜ起きたのか。そこに、欧米列強の野望はどのように関わっていたのか。勝敗を決した、知られざる真実とは何か。謎を解き明かすカギは、現場に立ち会った列強の外交官がつぶさに書き残した同時代の外交記録にある。

めまぐるしく形勢が入れ替わり、予測不能の濃密なドラマが展開した一進一退の攻防。闇の奥にドキュメント形式で迫っていこう。

大坂城に集結する旧幕府軍

大政奉還による外交戦で先手をとった慶喜は、虎視《こし》眈々《たんたん》とクーデターを起こした反幕府勢力を追い落とす機会を探っていた。そのため不可欠なのは、軍事面で圧倒的な優位に立つことだ。後年、慶喜は戦意がなかったと弁明しているが、兵力の配備状況を見ると到底、真実とは思えない。

大坂城に主力部隊を集中配備する一方、進路上にある伏見奉行所には、新選組の一五〇名が

フランスの軍事顧問団（写真提供：Bibliothèque nationale de France/Maxppp/ユニフォトプレス）

入り、各街道の入口にも兵を配していた。京都に進軍する準備を着々と進めていたことは明らかだ。旧幕府軍の総兵力は、一万五〇〇〇名。討幕派との決戦が近いことは誰もが予想できた。

幕府は、着々と軍事力を強化していた。二年前の一八六六年には、フランス政府と軍事顧問団を招く契約を結び、一九名の士官が来日した。団長は、のちに陸軍大臣になるシャルル・シャノワーヌ大尉。副団長は、エリート養成機関のエコール・ポリテクニーク（理工科大学校）で学んだジュール・ブリュネ中尉。「お雇い外国人」の先駆けだが、いずれも近代的な軍事戦術や最新兵器の取り扱いに長けた精鋭中の精鋭だった。

フランスは、ナポレオンがヨーロッパを制

覇して以来、最強の陸軍国として名をはせていた。その粋を集めた軍事顧問団の訓練を受けて、新たに幕府陸軍の歩兵部隊として編制されたのが、伝習隊だ。

当時、陸軍は総勢七七〇〇名の陣容だったが、そのうち伝習隊は、第一大隊の八〇〇名と第二大隊の六〇〇名を占めていた。伝習隊は、敵を圧倒する強力な武器を秘めていた。それが、シャスポー銃だ。

フランス陸軍が一八六六年に採用したばかりの最新型。銃口から弾と弾薬を込める旧式の銃とは、構造がまったく異なる。世界で初めて、ボルトアクションという革新的な機構を備えていた。金属製のボルトを回転操作するだけで、弾薬の装塡が完了する。燃焼ガスが漏れない密閉構造なので、火薬量を増やすことができ、威力や有効射程距離を延ばせる。ヨーロッパ各国の軍隊の制式銃の中でも、飛びぬけて性能が高かった。この世界最強の兵器を、ナポレオン三世は慶喜に贈り、幕府直属の伝習隊に配備されることが決まった。フランスの後ろ盾を得て、旧幕府軍の軍事的な優位は、揺るぎないものになっていった。

機は、熟した。新暦一八六八年一月十九日、意外な場所で、軍事行動の火の手が上がる。江戸の薩摩藩邸に、旧幕府軍が攻撃を仕掛けたのだ。当時、西郷隆盛の密命を受けて、薩摩藩の浪士組が関東各地で騒乱事件を起こしていた。無差別のテロリズムで、幕府強硬派を挑発しようという意図だった。治安維持は、幕府の任務である。挑発だとわかっても、放置できなかったのだ。

武家屋敷が立ち並ぶ密集地だったが、旧幕府陸軍の大砲は、正確に薩摩藩邸を撃ち抜いた。

実は、このとき、攻撃計画を練り上げたのが、フランス軍事顧問団の一員で、砲術の専門家だったジュール・ブリュネ中尉だった。大砲の弾道を制御するには、膨大な計算が必要だ。ブリュネは、理工科大学校で数学と物理学に親しみ、砲兵学校で弾道学の知識を頭に叩き込んだエリートだ。その綿密な計画によって、精密砲撃が可能になった。薩摩藩邸は炎に包まれ、焼失した。

薩摩藩の傍若無人な振る舞いに切歯扼腕《やくわん》していた幕閣にとっては、快哉《かいさい》を叫びたくなる出来事だった。焼き討ち成功の知らせは、旧幕府海軍の軍艦で急行した使者の滝川《たきがわ》（具挙《ともたか》）播磨守《はりまのかみ》によって、大坂城に伝えられた。兵たちの士気は最高潮に達した。

開戦に向けて、すべてが猛烈な速度で動き出していた。先頭に立ったのが、主戦派の代表格だった滝川播磨守だ。織田信長に仕えた名将滝川一益《かずます》の末裔で、出世街道をひた走り、大名などに将軍の命令を伝える大目付に抜擢されていた。

一介の大名である薩摩藩が、クーデターを起こす。臣下にあるまじき暴挙に怒りを募らせていた滝川は、「討薩表」と呼ばれる天皇への上奏文を起草した。天皇を抱え込み、操る薩摩の奸臣《かんしん》を引き渡さなければ、徳川が討伐するという威圧的な内容だ。天皇への進言が目的だとしても、兵を率いて上京するのだから、実質的な宣戦布告である。

滝川は、作戦計画をまとめた「軍配書」も所持していた。主力は、旧幕府陸軍の歩兵部隊一三大隊。大砲は二二門。会津藩や桑名藩などの兵を加えて、一万の大軍が、京都を目指して進軍する手はずだ。残りの兵力五〇〇〇名は、後詰めの予備兵力として慶喜のいる大坂城で待機する。だが、戦闘次第では臨機応変に戦線に投入可能だ。迎え撃つ薩摩の兵力は、三〇〇〇。長州の増援一〇〇〇を加えても、四〇〇〇名。圧倒的な兵力差である。

さらに旧幕府軍は、艦隊も出動させていた。海軍の主力艦五隻。旗艦は、最強の軍艦である開陽丸。アームストロング砲をしのぐ威力のクルップ砲を備えていた。艦隊は、兵庫港に停泊して、大坂湾に睨《にら》みを利かせていた。

用意周到な幕府は、外国から密輸入された兵器が、薩摩に渡らないよう手を打ってもいた。開戦に先立ち、欧米列強六カ国の代表に書簡を送っている。薩摩藩家臣の企てた「奸兇之挙（邪悪な企て）」を鎮定するにあたり、武器・軍艦を「日本政府＝幕府」以外に売らないようにと求めたのである。

決戦の準備は整った。運命の瞬間は、刻一刻と近づいていた。

鳥羽・伏見の激戦、初日のドキュメント

一月二十七日、新政府軍を率いる西郷隆盛は、決断を迫られていた。京都御所と大坂城は、四三キロしか離れていない。わずか一日の行程だ。

逡巡《しゅんじゅん》する時間はなかった。まもなく旧幕府軍が大挙して押し寄せてくる。もし旧幕府軍が京都を制圧すれば、天皇は薩摩藩討伐の勅許を出すだろう。賊軍の汚名を着た薩摩に、誰が味方するだろうか。薩摩に生き残る術はない。絶体絶命の危機だ。

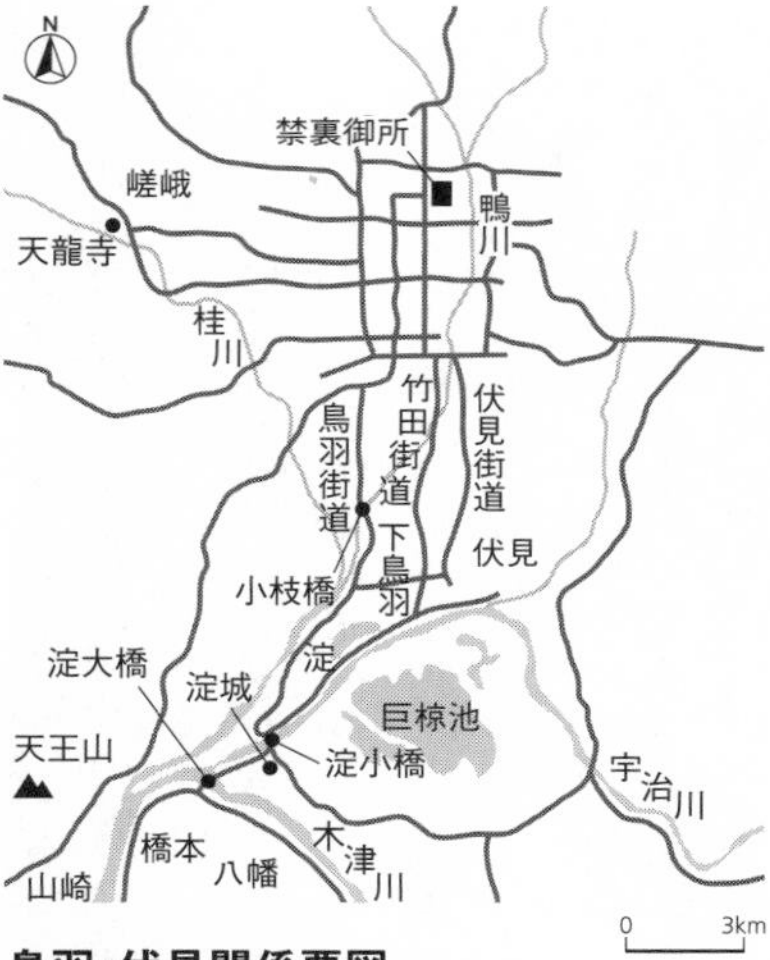

鳥羽・伏見関係要図

西郷は、旧幕府軍の進軍ルートを鳥羽街道と伏見街道だと予測し、二つの地点に兵力を集中して配備する戦略を立てた。鳥羽街道は、平安時代から大坂と京都をつなぐ主要幹線であり、歴代の天皇も行幸した古道である。鴨川と桂川が合流する一帯に栄えた鳥羽は、風光明媚な別荘地として発展したが、いざ動乱が起きると、争奪戦の的になった。

宇治川が流れる伏見は、水上交通の要衝。京都御所から一〇キロほど南に位置し、豊臣秀吉が大土木工事で築いた城下町だ。当時は、新選組が拠点としている旧幕府の奉行所があった。この二つの戦略地点を旧幕府軍に突破されれば、都の防衛は不可能だ。背水の陣である。西郷は、敗北の可能性も見越して、天皇を密かに京都から脱出させる準備もしていた。

一月二十七日昼、旧幕府軍の本隊より先に鳥羽街道を進んできた先遣隊が、薩摩軍と遭遇する。だが、すぐには戦端は開かれなかった。大軍勢の武威を笠に着た旧幕府軍は、無抵抗のまま入京できると踏んでいて、街道での戦闘を想定していなかった。

薩摩軍の将校との談判が始まった。天皇への上奏文を懐にした滝川播磨守は、「上洛する慶喜公の先供《さきども》である」と言って突破する構えだ。薩摩軍の将校は、通行の可否を御所に照会すると言って、先遣隊を下がらせるように懇願する。小競り合いを避け、威風堂々上洛することにこだわったのか、旧幕府軍は、願いを聞き入れ、後退した。その間隙を埋めるように、すかさず薩摩軍がじりじりと前進する。

旧幕府軍の戦列は、縦に延び切っている。曲がりくねった街道を後退するうち、見通しの悪い地点に誘い込まれたことに気づかなかった。街道を見下ろす小高い丘があり、森や茂みもある。伏兵を忍ばせておくには、絶好の地形だった。旧幕府軍は、罠にかかったのだ。

午後五時、ラッパが鳴り響き、新政府軍の大砲が火を噴いた。砲弾は、旧幕府軍の大砲に命中し、爆発四散した。滝川が乗っていた馬は、轟音に驚いて、パニックを起こした。味方を蹴

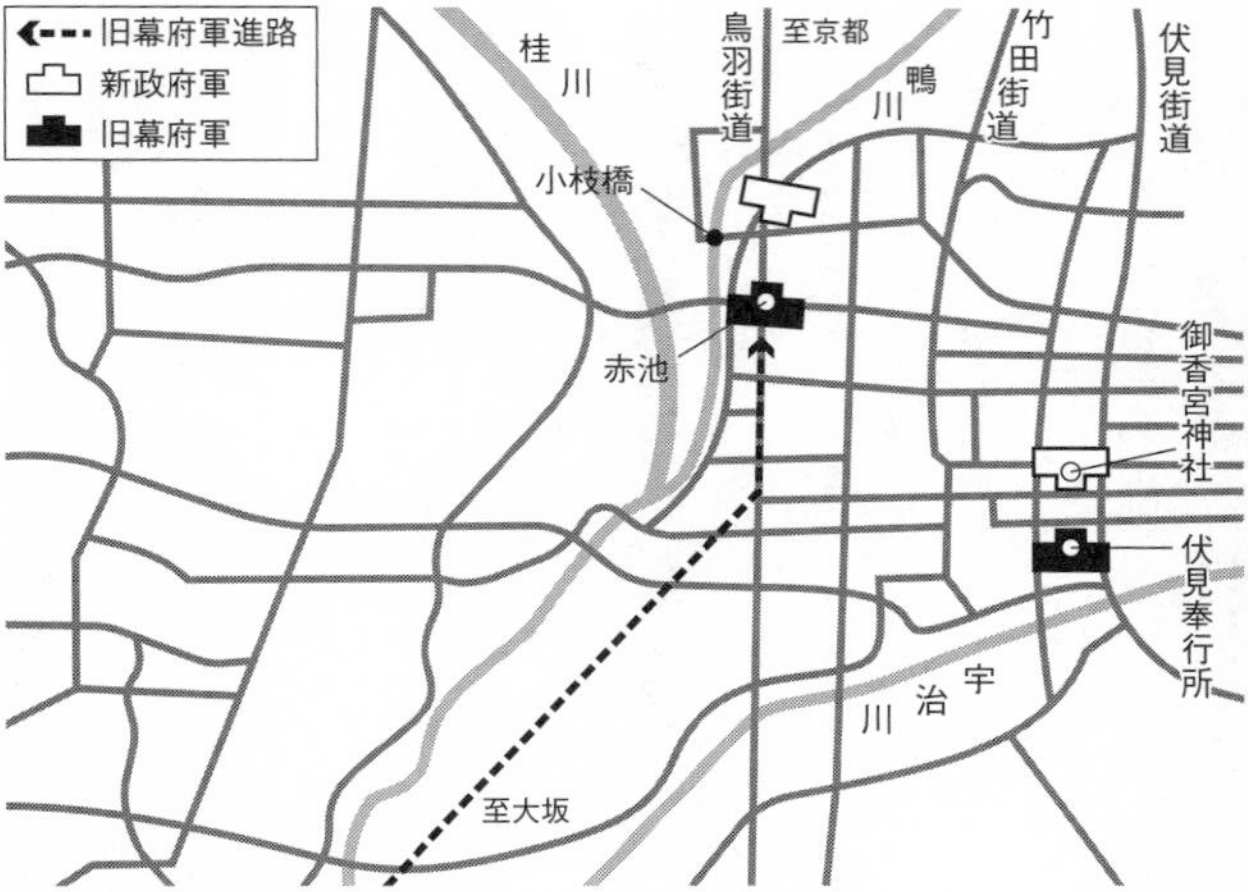

鳥羽・伏見の戦い（旧幕府軍進攻図）

散らしながら、一目散に街道を走り去った。

旧幕府軍は、ただちに応戦しなければならない。しかしまずいことに、戦闘を予期していなかったため、歩兵隊は銃に弾を込めるよう命じられていなかった。戦闘隊形もとっておらず、狭隘《きょうあい》な街道に密集していた。格好の標的である。大混乱に陥り、なすすべもなく倒れた。

同じ頃、伏見でも戦いが始まった。旧幕府軍は、伏見奉行所に立てこもっていた。新政府軍は奉行所を見下ろす丘陵と、大手筋を挟んで向かい合う神社（御香宮《ごこうのみや》神社）の境内の二地点に陣を構えていた。奉行所に狙いを定めていた九門の大砲が一斉に火を噴いた。壮絶な市街戦が幕を開けた。

奉行所には、会津藩の兵と土方歳三率いる

新選組一五〇名がいた。門を飛び出すと、敵の陣地をめざして斬り込みをかける。だが、接近戦に持ち込むことができない。これも薩摩の巧みな戦術だった。隊を二分し、弾の装塡と射撃を交互に行う。絶え間ない射撃が可能になり、銃弾が雨あられと新選組に襲い掛かる。しかも薩摩の銃には、銃剣がついているから、密集隊形を取ると、槍ぶすまの態勢になり、斬り込みへの防御に役立った。刀では、銃と互角に戦えない。土方は、武士の時代が終わろうとしていることを思い知っただろう。

午前零時、伏見奉行所は陥落し、火に包まれた。

軍事介入も辞さなかったフランス

鳥羽・伏見で、旧幕府軍と新政府軍が激突した。その知らせは、翌二十八日未明、固唾《かたず》をのんで動静を見守っていたパークスにもたらされた。

パークスは、交渉妥結を望んでいた。天皇と将軍が軍事的に衝突すれば、平和的な統一は遠のき、自由貿易の発展も難しくなる。だが、期待は裏切られた。さらなる情報を収集するため、パークスは大坂城を訪ね、慶喜側近の老中と会談した。老中は、「これは薩摩との限定戦争であり、大君は帝の名で戦っている」ことを強調した。

しかし、薩摩藩の「奸臣」引き渡しを要求し、武力行使を宣言している以上、旧幕府軍が攻撃を受けるのも無理のないことと思われた。この日、「大君政府と薩摩侯の紛糾が、ついに公然たる戦火となった」（パークスからスタンレー外相への報告書）と、希望的観測に流されない冷徹な外交官らしい筆致で記している。老中の言うように、薩摩との限定戦争で終わるのか、それとも、日本を二分する最悪の内戦勃発につながるのか。まったく予断を許さなかった。

一方、ロッシュの見立ては、厳正中立とは程遠く、明らかに幕府寄りだった。

「大君の敵が京都を支配し、天皇を擁している限り、合法的な統治も和解も期待できない。国家の意思表明が暴力によって妨げられている。それこそ力の支配だ。平和は（薩摩藩ら）少数の大名によって覆され、戦争状態になった」（ロッシュからムスティエ外相への報告書）

開戦を知ったロッシュは、江戸からシャルル・シャノワーヌ大尉が率いる軍事顧問団を至急呼び寄せている。軍事介入も辞さない構えだったことがうかがえる。

その後の戦闘は、一進一退の攻防を見せた。序盤、優位に立ったのは、幕府軍だ。艦隊の旗艦である開陽丸が、瀬戸内海を航行する薩摩の軍艦と交戦する。ヨーロッパ屈指の海軍国オランダで造られた最新鋭の軍艦であり、クルップ砲の威力と飛距離を見せつけた。圧倒的な勝利を収めた旧幕府軍は、大坂湾から薩摩を追い出すことに成功する。海では、薩摩は敵ではなかった。

同じ日、旧幕府軍は鳥羽街道でも反撃を開始した。突破口を開いたのは、フランス軍事顧問

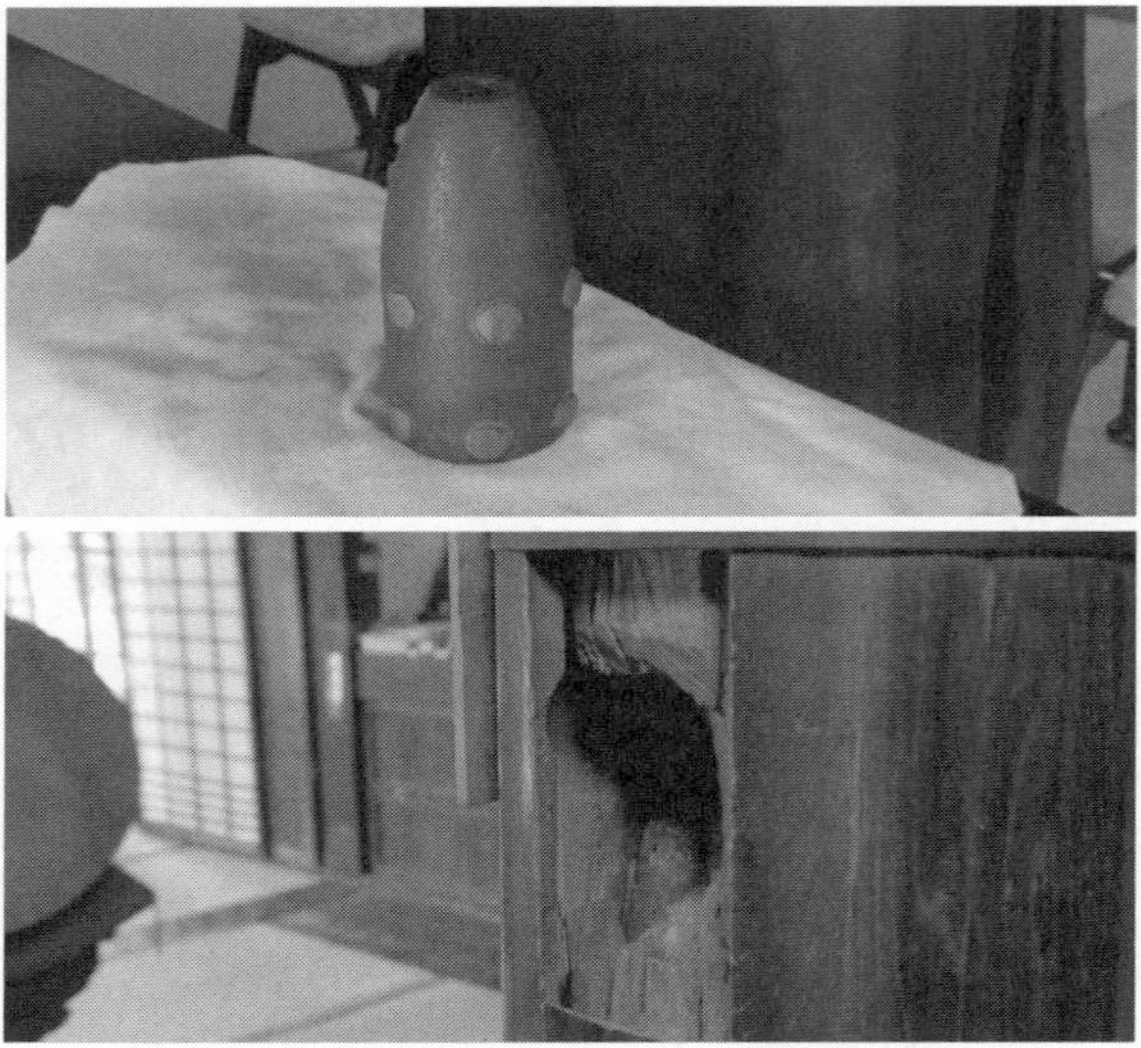

寺には「東軍（旧幕府軍）の砲弾」として伝わっている（写真提供：NHK）

団から特別訓練を受け、最新の武器を供与されていた「伝習隊」。そこには、戦場で陣地を設営する工兵も付き従っていた。工兵が酒樽や米俵を並べて、街道を封鎖し、即席の防御陣地を作り、そこに伝習隊が立てこもる。突破を試みようと近づく新政府軍は、術中にはまっていることに気づいていない。実は、別働隊の会津藩兵が側面に身を潜めていたのだ。新政府軍は、二方向から攻撃を受け、後退を余儀なくされた。

　新政府軍は、難攻不落の陣地を攻略しようと、反撃に転じる。両軍は、砲身にらせん状の溝（ライフリング）を刻んだ強力な大砲「四斤山砲《よんきんさんぽう》」を戦線に投入していた。

その破壊力をまざまざと示す証拠が、鳥羽街道沿いの寺に今でも残っている。放たれた砲弾は、激しく回転しながら、外壁を貫通し、柱をぶち抜いて、位牌の棚に突き刺さった。幸いだったのは、砲弾が不発弾だったことだ。四斤山砲の砲弾は、先端に穴が開いていて、中には火薬と起爆装置が仕込まれている。それが時間差で、炸裂《さくれつ》する仕組みだった。

その日、鳥羽・伏見の戦いで新政府軍が放った砲弾が旧幕府軍の陣地にめり込んだ。そして、静寂の後、突然爆発した。鉄壁と思われた陣地も、内部から破壊されてはひとたまりもない。旧幕府軍は総崩れとなり、敗走した。

徳川慶喜（フランス陸軍の軍装姿、茨城県立歴史館蔵）

慶喜、突然の戦場離脱

幕末に撮られた慶喜の写真が残されている。フランス陸軍の軍装に身を包み、腰にはサーベル。理想の君主として描かれたナポレオンの肖像画を彷彿《ほうふつ》とさせる堂々とした立ち姿だ。

フランス公使のロッシュが近代化の夢を託した慶喜は、どう行動したのか。大坂城にいた慶喜のもとには、刻一刻と悪化する戦況が前線から入ってくる。旧幕府軍と新政府軍がともに、新兵器を投入した戦いだった。これまでに類を見ない激しい戦闘が繰り広げられ、四〇〇名近い兵の命が失われていた。

窮地に立たされた慶喜は、土壇場で優れたカリスマ性を発揮する。旧幕府軍の想定外の敗北を受けて、後詰めとして大坂城を守る兵の間には、動揺が広がっていた。新政府軍は、錦の御旗を掲げて、旧幕府軍を朝敵と位置付けていた。自分たちは、賊軍なのか。慶喜は、不安に駆られた部下たちの前で、力強く訴えた。

「もとより朝廷に弓を引こうと起こしたものではない。不幸にして味方は敗れ、極めて危ういが、これも天のご照覧があるに違いない。たとえ大坂城が焼け落ちようとも断固守り抜くべし」

慶喜の演説を聞いた兵士たちは、皆奮い立った。慶喜と共に、どこまでも戦い抜く覚悟だった。

鳥羽街道や伏見の戦いでは敗退したが、まだ旧幕府軍の最終的な敗北が決まったわけではない。城内には、予備兵力として五〇〇〇の兵がいる。そして、難攻不落の大坂城がある。江戸城と並ぶ最強の巨大城塞であり、鉄壁の防御力を誇っていた。新政府軍の大砲の直撃を食らっても、強固な城壁は耐えるだろう。そして大坂湾には、開陽丸を旗艦とする無傷の艦隊が睨みを利かせていた。制海権があれば、船を使って江戸からいくらでも援軍を送ることが可能だ。

一方、新政府軍は一時的に勝利していたとはいえ、武器弾薬には限りがある。大坂湾を封鎖されている以上、海上輸送路は機能せず、補給は困難だった。長期戦には耐えられない。もし旧幕府軍が大坂城に立てこもって徹底抗戦すれば、形勢逆転の可能性は十分あった。

ところが、戦いは予想もしなかった結末を迎える。大演説をぶった慶喜が、側近を連れて、密かに大坂城を脱出してしまったのだ。

翌日、江戸から軍艦で急派されたフランス軍事顧問団が、大坂湾に到着した。時すでに遅し。主を失った大坂城は、あっけなく陥落。炎に包まれ、灰燼《かいじん》に帰していた。

熾烈な駆け引きとなった列強外交官会議

鳥羽・伏見の戦いは、新政府軍の大勝利に終わった。薩摩・長州などの反幕府勢力は、快哉を叫んだ。

しかし、戊辰戦争の帰趨《きすう》が決まったわけではない。旧幕府軍は大坂から兵を引いたものの、壊滅的な打撃を受けたわけではなかった。江戸に留まっていた陸軍の歩兵部隊も海軍の艦隊も健在だった。緒戦では一敗地に塗《まみ》れたとはいえ、全体の戦力はいまだに新政府軍を上回っていた。

旧幕府軍の力の源泉は、列強各国が競い合うように行った軍事支援にあった。フランスは、軍事顧問団やエンジニアを派遣し、最新式の銃を提供していた。オランダは、開陽丸をはじめ、強大な軍艦の建造を請け負っていた。そして南北戦争で大量の兵器を抱えこんでいたアメリカも供給源だ。武器商人は、取引先として幕府に接近していた。

外交の観点で見ても、旧幕府は優位にあった。開国以来、各国が正統な政府として承認していたのは旧幕府であり、それは変わらなかった。たとえ、天皇を擁していても、錦の御旗を掲げていても、列強から承認されない限り、薩摩・長州は、クーデターを起こした叛徒《はんと》のままなのだ。

列強は、軍事支援や経済援助を通じ、旧幕府への影響力を高めようとした。見返りを求めた投資である。その金額や労力が大きいほど、乗り換え費用（経済学でいうスイッチングコスト）は大きくなり、新政府の正式承認に躊躇してしまう。

慶喜に賭けていた最大の投資家は、ロッシュだろう。このまま幕府が傾くのを、座視できなかった。大坂城から江戸に逃げ帰った慶喜に緊急の会見を求めている。両者の接触は、新暦二月十二日、十九日、二十日の三度にわたった。ロッシュは叱咤激励した。

「二百七十年の歴史を持つ王権が、二、三の藩主の反乱で和を請うのか。世界に前例がない」

対する慶喜は、これまで天皇への恭順を貫いたとされてきた。だが、実態は違った。慶喜の戦意は、消えてはいなかった。

「大君は天皇の意思に従う意向だが、同時に大君が所有している領地に侵入したり、略奪したりする権利は新政府軍にはないと言明した。大君は領地をあくまでも防衛すると主張した」

これは会見後、ロッシュから慶喜の秘めた決意を明かされたアメリカ代理公使ファルケンブルグの報告書（本国アメリカのスワード国務長官宛）の一節だ。ロッシュは、旧幕府軍を支援する列強の同志を募ろうと考えていた。

最後の会見で、ロッシュは、フランス海軍の提督を連れて現れ、新政府軍を迎え撃つための軍事計画を授けている。

陸上では、江戸への進攻ルートを東海道と想定し、箱根峠に城塞を設ける。中山道の守りも固め、衛兵を置くことで遮断する。海上では、江戸湾の沿岸に大砲を据え、開陽丸を旗艦とする海軍の艦隊を展開して、万全の防衛体制を築く。

もしロッシュの策謀が成功していたら、明治維新はなかっただろう。しかし、軍事計画は実現しなかった。その前に立ちふさがったのが、宿敵のパークスだ。安全な取引には、日本市場の統一と平和こそが望ましい。自由貿易の発展を最重要課題と考えるパークスは、内戦を望んでいなかった。各国の軍事支援を止めなければ、旧幕府軍は力を誇示し、新政府軍との対決は激化する。

歴史が動く舞台となったのは、列強の外交官会議だ。新暦二月十六日、パークス主導で、英・仏・米・蘭・伊・普（プロイセン）の六カ国の代表が一堂に会した。

パークスが各国に切り出したのは、国際法上の取り決めの適用だった。

「ミカドと徳川の衝突は、本格的な内戦の始まりであり、列強は一致協力して、局外中立を宣言すべきだ」というのが、パークスの主張の骨子だ。

局外中立とは、内戦の当事者であるそれぞれの交戦団体に、諸外国が軍事支援を行わない措置である。適用されれば、旧幕府軍と新政府軍、双方に対して大砲や銃を売り渡すことも、軍艦の建造を請け負うこともできなくなる。

旧幕府に軍事顧問団を派遣し、陸軍や歩兵隊の訓練を行っていたフランスはどうか。このとき本国に召還されていたロッシュに代わり、代理公使のブランが参加していた。「フランスは徳川を援助してきた。急に方針を変えることはできない」というのが、一貫したスタンスだ。旧幕府海軍の成立を支援してきたオランダ代表も旧幕府勢力と距離が近い。

なぜパークスは、列強の反対が予想される局外中立を持ち出したのか。そこには旧幕府軍がアメリカ政府に発注し、まもなく入手する予定だった「史上最強にして最新鋭の軍艦」が深く関わっていた。

ストーンウォール号。「甲鉄艦」とも呼ばれ、その名の通り、船体が強固な鉄板で覆われていた。鎧の騎士のようないでたちの異形の軍艦は、鉄壁の防御力と無双の攻撃力を備えていた。

ストーンウォール号（甲鉄艦、写真提供：ユニフォトプレス）

砲弾をはじき返す分厚い装甲。主砲のアームストロング砲は大口径で破壊力抜群。遠距離からの先制攻撃を可能にした。接近戦でも無敵の強さだった。その秘密兵器が、「スフィンクスの顎《あご》」と呼ばれた船首部分だ。敵艦に体当たり攻撃を仕掛けるとき、この鉄の塊が船体を貫き、完膚なきまでに破壊する。わずか一隻で、敵味方のパワーバランスを狂わせるほどの威力の軍艦だった。売り主のアメリカ代理公使ファルケンブルグまでが、破滅的な影響を恐れていた。

「大君がストーンウォール号を手に入れた場合、直ちに制海権を獲得するだろう。現在、帝が領有している大坂・兵庫・長崎その他すべての港を封鎖することが可能になる。すべての取引が妨げられ、（在日本の）我が国民の生命・財産は窮地に陥るだろう」

議論に及ぶこと三日間。膠着状態を破り、議論をリードしていったのは、各国の公使が抱いていた懸念だった。

「もし、列強が徳川を援助した場合、新政府は、外国人の保護を放棄し、混乱に巻き込まれる」というものだ。公使にとって最重要の使命は、自国民の保護である。当時、貿易が許されていた港は、横浜や長崎など四カ所。あわせて数千の外国人が暮らしていた。そこで大きな問題になっていたのが、外国人襲撃事件の多発だ。これまで、開港地の治安維持は幕府の責任であり、現地の外国人の保護も幕府が担っていた。

ところが、鳥羽・伏見の戦いで戊辰戦争が勃発すると、西日本の港は新政府の勢力下に入り、東日本の港は、旧幕府が引き続き管理していた。事実上の分割統治に入ったため、内戦当事者の一方を援助すれば、反対勢力が、外国人の保護をやめてしまう恐れがあった。

「この戦争は、帝と大君の戦争と規定すべきである。厳正中立を守らなければ、外国人が敵として攻撃を受ける恐れがある」というパークスの見解には、説得力があった。公使は、自国民の生命・財産を最優先で守る義務があるからだ。

ストーンウォール号の問題で頭を悩ませていたアメリカのファルケンブルグが賛同した。徳川にストーンウォール号を引き渡せば、新政府側が支配する兵庫や長崎が制圧され、パワーバランスは大きく崩れる。そうなれば、新政府は、アメリカの利敵行為を許さず、結果として、自国民の生命・財産が危険にさらされる、というのだ。アメリカは局外中立に同意する。

新暦一八六八年二月十八日、六カ国は共同で局外中立を宣言。戦局は大きく変わる。アメリカは、最新鋭の軍艦ストーンウォール号の引き渡しを凍結。フランスも旧幕府軍に送っていた軍事顧問団の撤退を決めた。

慶喜は新政府への恭順を約束し、旧幕府軍の逆転勝利に賭けたロッシュの希望は打ち砕かれた。世界史の波のうねりが、極東の日本に押し寄せ、武士と刀のロマンティシズムは、遠い過去のものになったのである。

第7章　プロイセンの野望と奥羽越列藩同盟

江戸総攻撃を食い止めたのは誰か

世界最大の都市として繁栄を極めた江戸に、危機が迫っていた。勢いに乗る新政府軍は、新暦三月、江戸に向けて東征軍を発令した。

慶喜を討つ。旧幕府の中核を叩く。そのため、五万の大兵力を動員し、東海道・東山道・北陸道の三方向から進軍する計画だった。迎え撃つ旧幕府軍も、反撃に転じる絶好の機会と捉えていた。

江戸城は、史上最強にして難攻不落の名城だ。城郭のまわりに広がる都市のあちこちに迎撃のための仕掛けが張り巡らされている。陸だけでなく、海からの攻撃にも強い。黒船来航以来、防御陣地の台場の建設が進んでいた。容易に突破できるはずがない。東征軍参謀の西郷隆盛は、犠牲を覚悟して、江戸総攻撃の準備を進めていた。

江戸の運命を分ける瞬間は、刻一刻と近づいていた。ところが総攻撃の前日、突然中止命令が下る。戦火は遠のき、江戸無血開城が実現した。

繰り返し語られてきたのは、最後の幕臣・勝海舟の英雄譚である。秘密裏に火消しを動員して、江戸を焼け野原にする焦土作戦への準備を進めながら、土壇場で西郷隆盛との直接会談に乗り出した。剣豪が斬り合う直前のような緊迫感あふれる心理戦。勝は、決死の覚悟と交渉術で西郷を説き伏せ、江戸無血開城の奇跡を導いた。
あまりに劇的な歴史的瞬間だが、伝説の名場面を大げさに語り、自らを英雄として祭り上げたのは、他の誰でもない勝である。勝は演出と宣伝の達人で、煮ても焼いても食えない男だった。法螺《ほら》も吹けば、嘘もつく。確かに、西郷と談判したが、その前に、総攻撃を回避する方針は決まっていた。江戸最大の危機を救った本当の立役者は、誰か。たけり狂った新政府軍の進軍を止められるほどの力を持っていたのは誰か。グローバル・ヒストリーの視点から見直すと、通説とは異なる歴史の真実が見えてくる。

江戸総攻撃を食い止めたのは、列強の秘密外交だった。総攻撃にタイミングを合わせて、列強の軍艦が続々と横浜に集結していた。英・仏・米・普・蘭の五カ国、総数一四隻という大艦隊である。

そこには、イギリス極東艦隊の旗艦オーシャン号がいた。世界最大級の四〇四七トン。大口径八インチのライフル砲四門に加えて、七インチ砲二〇門を備えた装甲艦である。そして、幕府がアメリカ政府に発注したストーンウォール号も姿を現した。鉄壁の防御力と、神出鬼没の速度を兼ね備えた海の要塞。たった一艦で戦局を覆すとまで言われた最強の軍艦が、ワシントンから長い旅路を経て、横浜に到着していた。

列強各国の海軍が一斉行動を起こし、江戸総攻撃を牽制していた。陸上でも、列強は軍事行動に出ていた。外交団の会議で、横浜全域を国際管理下に置くことを決定。事実上の占領である。新政府軍が進軍する東海道に直結する橋には、大砲が据え付けられた。武力攻撃を想定して、要塞化が進んでいた。もし変事があった場合は、いつでも対応できる構えだった。

新政府軍が江戸総攻撃を仕掛け、旧幕府軍との全面衝突に発展した場合、戦闘区域が江戸市中に限定されるとは限らない。戦略上の要衝である横浜まで飛び火する可能性も十分にあった。列強としては、自衛措置である。

しかし、内戦のさなかに、外国勢力の軍事力が一極集中しているのは、不気味だった。局外中立を破棄して、戦局に介入すれば、新政府軍を勝たせることも、旧幕府軍を勝たせることも容易だった。あるいは唯一の勝者となって首都を制圧することもできた。特にイギリスは、対日全面戦争計画を独自に立案した実績があり、陸軍省と海軍省を交えてシミュレーションを独自に行っていたから、攻撃の要所を知り尽くしていた。

江戸総攻撃のカギを握っていたのは、パークスだった。西郷が先鋒軍として送り込んだ参謀から協力を求められたパークスは、新政府軍を激しく非難した。

恭順している慶喜に、戦争を仕掛けるとはどういうことか。戦争するなら、事前に公使に通告すべきだが、なんの連絡もない。外国人居留地を警護する兵を新政府は配置すべきなのに、それもしていない。こんな乱暴な国がどこにあるのか。

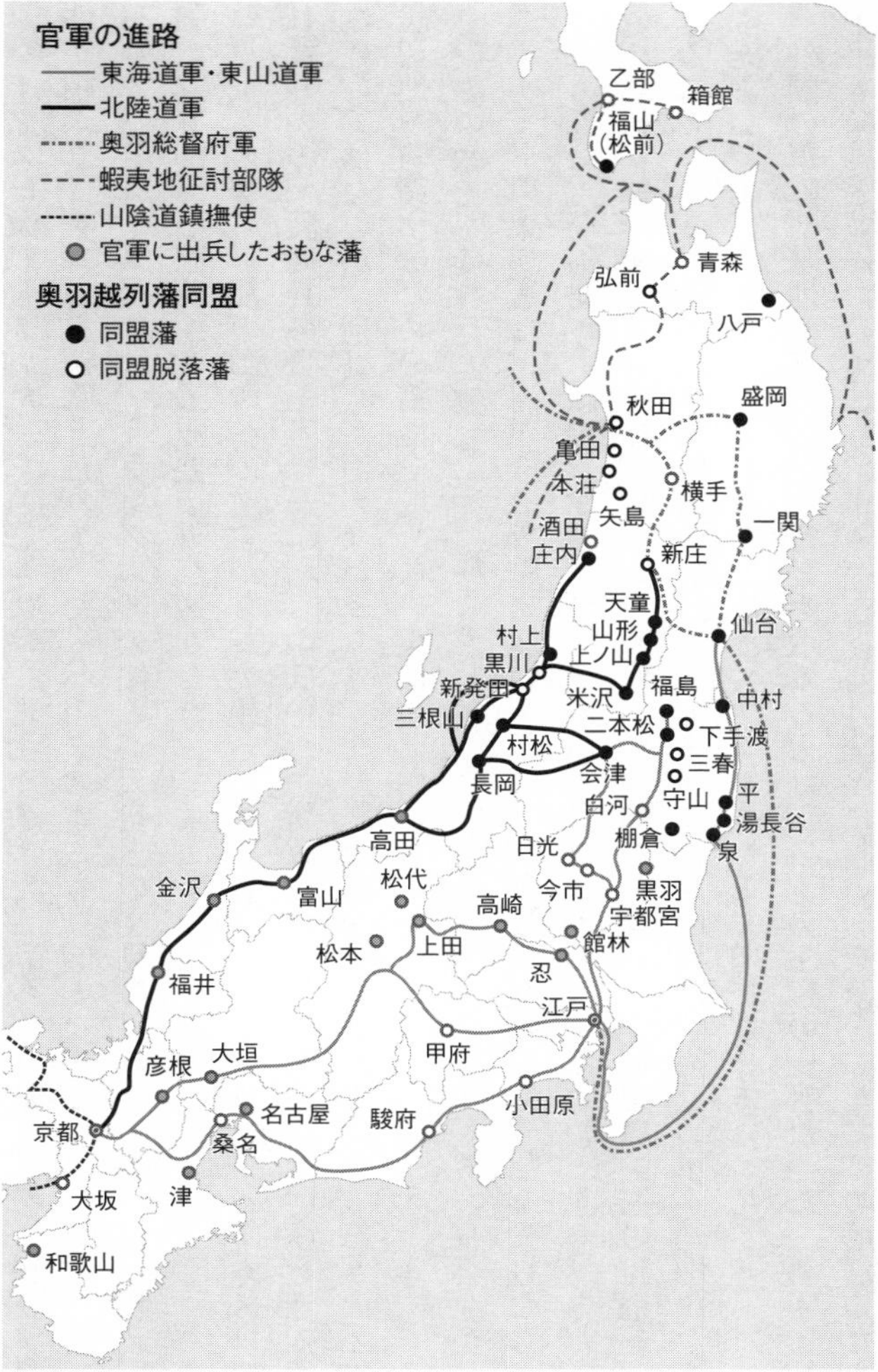

戊辰戦争要図

参考:『詳説日本史図録(第10版)』(山川出版社)

パークスは激怒していた。その怒りには、理由があった。新政府の統治下で、外国人襲撃事件が相次ぎ、テロの嵐が吹き荒れていた。パークス本人も標的となっていた。新暦三月二十三日、イギリス・フランス・オランダの三公使と、天皇との謁見の日のことだった。新政府と列強の友好関係を確認する最重要の外交儀礼だ。

パークスは、京都の御所への道すがら、突如として、暴徒に襲撃された。パークスは難を逃れたものの、護衛兵の負傷者は一〇名にのぼった。新政府は、外国人の命や財産を守る意思がないのではないか。猜疑心が消えないうちに、江戸総攻撃が計画されていた。怒りの矛先は、居留地を防衛するための措置を取らない東征軍に向けられていた。

参謀の報告を受けた西郷は、「愕然」とした。列強を敵に回すことなど考えられなかった。進軍ルートの東海道は、海からの攻撃に弱い。万が一、列強の艦隊から砲撃を受けたらひとたまりもない。勝海舟と直接会談する前に、総攻撃の計画は廃棄されていたと見るべきだろう。

江戸総攻撃をめぐる混乱は、列強の新政府への信頼を損ない、ひいては国家の主権を危うくすることになる。イギリス海軍の司令長官であるケッペル中将は、横浜の軍事基地化を海軍省に提言し、二五〇〇名の兵力配置を求めた。フランスも軍を増強させていった。

外国の軍隊が基地を築き、軍事行動を取ることは、日本の主権の侵害だった。幕末に結んだ不平等条約と並んで、英仏駐留軍の存在は対外関係に暗い影を落とした。その解消のため、新政府は辛酸をなめることになる。

近藤勇、土方歳三……、敗れざる旧幕臣たち

江戸無血開城は成功し、二百六十年以上続いた徳川の時代は、名実ともに終結した。慶喜は、敗北を認め、恭順の姿勢を貫き通した。生き残り、家名を守るためのしたたかな戦術だった。狙い通り、寛大な処置を賜って、趣味に生きる悠々自適の隠居生活を送った。天皇に反旗を翻した逆賊として、追討された立場なのに、後に維新の功労者として公爵の爵位を受け、貴族院議員に上り詰めるのだ。君子は豹変す。慶喜と同じく、変節漢の大名たちは徳川家を見限り、新政府軍に寝返った。御三家の尾張藩や紀州藩までが裏切った。旧幕府陸海軍の首脳が、武装解除を受け入れたことで、軍は解体され、消滅することが決まった。

　だが、幕府の滅亡を受け入れず、武士の時代の終わりを認めようとしない旧幕臣たちもいた。戊辰戦争の陰の主役こそ、そうした旧幕臣たちである。どんなに悪戦苦闘しても勝算は立たず、命運も尽き果てようとしている。しかし、最後の瞬間まで戦うことを諦めなかった。だからこそ、不滅の光芒を放つのだ。

　敗れざる旧幕臣たちの筆頭が、近藤勇や土方歳三の新選組だった。鳥羽・伏見の戦いで奮戦したが、間断ない大砲と後装銃の弾幕に遮《さえぎ》られ、なすすべもなく敗れ去った。一騎当千の剣士

近藤勇(国立国会図書館蔵)

土方歳三(国立国会図書館蔵)

たちも近代兵器に太刀打ちできなかった。遠距離攻撃が主体になり、近接戦闘では無類の威力を発揮した刀や槍は、無用の長物と化したのだ。一五〇名いた組員は、軍艦で江戸に帰還すると三分の一になっていた。

だが、近藤も土方も諦めていなかった。江戸総攻撃に先立ち、東山道を進んでくる東征軍を返り討ちにしようと、旧幕府勢力を再編して「甲陽鎮撫隊《こうようちんぶたい》」を組織し、甲府城での迎撃を計画する。

このとき、近藤たちの前に立ちふさがった新政府軍の主力部隊が、土佐藩の板垣退助が総督を務める迅衝隊《じんしょうたい》である。板垣は、土佐藩の軍制改革をリードしたものの、武力討幕路線を推し進め、前藩主の山内容堂が唱える大政奉還に反対したため、一時失脚していた。

しかし、鳥羽・伏見の戦いが勃発すると、迅衝隊を結成して、反幕府勢力の急先鋒となり、東山道先鋒総督府の参謀に就任していた。迅衝隊は、給料制で病気欠勤が認められ、従軍医師団が同行するなど、福利厚生がしっかりしていた。軍律が厳しく、略奪や暴行は厳禁。動きやすい洋式の軍装を整えるなど、極めて近代的な軍事組織だった。

近藤たちの甲陽鎮撫隊は、想定外の速度で進軍してきた迅衝隊によって、甲府城を奪われてしまう。止《や》むなく、甲府と八王子を結ぶ街道に、新たな防御ラインを設け、戦いを挑んだ。

新暦三月二十九日、戦闘開始。旧幕府軍は、中央・右翼・左翼の三方向から包囲され、後方から奇襲攻撃を受けて、再び敗北を喫した。連戦連敗である。窮地に追い込まれた新選組は、時代に抗うことをやめ、変貌を遂げていく。

「兵器は、砲でなければならない」ことを思い知った土方は、近代戦への転換を進めた。兵器を変え、戦術を変え、外見も変えた。断髪して、洋装に変身し、有名な肖像写真を撮った。江戸無血開城が決すると、慶喜に見切りをつけ、元京都守護職で旧知の仲の松平容保《かたもり》が藩主を務める会津藩に逃れて再起を図ろうとした。その矢先、近藤勇が捕らえられ、斬首された。

土方は、それでも諦めなかった。旧幕府陸軍から脱走した伝習隊と合流すると、全軍の参謀に任命された。松平容保の実弟、松平定敬《さだあき》の桑名藩兵も戦列に加わり、二〇〇〇名の大部隊となった。最初の作戦は、新政府軍への恭順を決した宇都宮藩の城の攻略だった。江戸から東北

松平容保（会津若松市蔵）

に向かう日光街道と奥州街道は、宇都宮で分岐する。軍略上の要衝に築かれた宇都宮城は、関東屈指の名城だった。

新暦五月十一日、攻城戦の火蓋が切られた。城を落とすため、旧幕府軍は巧妙な作戦を立てている。城下町に火を放つと、軍を二手に分け、本隊の伝習隊は北東から大手門に向かって、最新式の大砲で砲弾を浴びせかけた。フランス軍事顧問団仕込みの堂々たる砲撃である。

だが、これは陽動だった。江戸時代、東北諸藩の反乱に備えた宇都宮城は、北の守りは堅固だが、南は手薄だった。大手門に敵兵力を引き付けている隙を突いて、別働隊の新選組と桑名藩の兵が、南東から城内に乗り込み、決死の白兵戦を仕掛けた。奇襲や近接戦闘では、刀が猛威を振るう。予期せぬ攻撃を受けて、新政府軍の指揮命令系統は瓦解し、わずか六時間で宇都宮城は陥落した。敗北に敗北を重ねてきた旧幕府勢力は、雪辱を果たしたのである。

旧幕府陸軍の勝利に呼応するように、旧幕府海軍も動き出した。江戸無血開城の事前交渉では、「軍艦は残らず引き渡す」ことが、条件となっていた。旧幕府の海軍力は圧倒的であり、反旗を翻されると、脆弱な新政府の海軍では抑え込むすべがない。ただちに接収して、脅威を取り除く必要があった。

しかし、江戸城引き渡しの日になっても、海軍副総裁の榎本武揚に、艦隊を引き渡す気配はいっこうになかった。海軍は、負け知らずで、戦意は旺盛であり、一戦も交えずして降伏する理由がなかった。榎本は決断を下した。その夜、闇に紛れて艦隊を館山沖に発進させた。旗艦の開陽丸をはじめとする八隻。事実上の武装解除拒否である。戊辰戦争で神出鬼没の榎本艦隊は、新政府軍の重大な脅威となり、戦局を左右する存在となっていく。

奥羽越列藩同盟の成立

戊辰戦争は、新政府軍に旧幕府勢力が挑むという構図で展開した。個別の戦力では旧幕府勢力が優位に立っていたところもあったが、決定的に足りないものがあった。「統帥」である。旧幕府に忠義を誓った各藩が新政府に巣くう「奸臣」の専横に反感を抱いても、全体を統率する組織がなければ大軍を動かせない。散発的に兵を挙げても、統制された新政府軍に各個撃破されるだけだ。カリスマのあるリーダーもいない。本来、統帥の大権を負うことができるのは慶喜だったが、恭順を示し、隠居を決め込んでいる。このままでは敗北は必至だった。

しかし新暦一八六八年六月二十五日、大転換点がやってくる。「奥羽越列藩同盟」の成立だ。この日を境に、脱走兵の集まりであり、指揮命令系統を欠いた烏合の衆だった旧幕府勢力は、組織化された軍団へと変貌を遂げるのだ。

奥羽越列藩同盟は、奥州（陸奥国）、羽州（出羽国）、越後の三一の藩が結んだ軍事同盟である。戊辰戦争史に新たな地平を切り開いた列藩同盟が成立に至るまでには、紆余曲折があった。最初から、新政府軍に反撃の狼煙《のろし》を上げようという意図などなかった。最大勢力である仙台藩（伊達家）や米沢藩（上杉家）は、幕末の動乱からは距離を置き、進駐してきた新政府の奥羽鎮撫総督府の命令に従っていた。列藩が苦慮していたのは、「朝敵」の汚名を着せられていた会津藩や庄内《しょうない》藩の取り扱いだった。

会津藩主の松平容保は、京都守護職時代に薩摩藩や長州藩の恨みを買い、鳥羽・伏見の戦いで敗れて、追討令が下っていた。江戸薩摩藩邸焼き討ちで主力となった庄内藩も粛清の対象となっていた。仙台藩や米沢藩は、総督府の命令に従い、会津藩に降伏を勧告した。会津藩からすると、正義を欠いた不当な要求である。すぐに決断が下せるはずもない。

しかし、総督府からは矢継ぎ早に、会津藩に兵を出せという強硬な命令が来る。義憤にかられて、反発する藩士が現れ、藩論は二分する。板挟みになって、困り果てた仙台藩と米沢藩は、新暦五月二十五日、東北の列藩を参集して、会議を開いた。この段階でも会津藩と庄内藩の赦免《しやめん》を願い出るだけの穏健な活動に終始していた。

情勢が一変したのは、総督府の参謀だった世良《せら》修蔵《しゆうぞう》の「密書」露見からだった。世良が薩摩藩の参謀に送った書面には、「奥羽皆敵ト見テ逆撃之大策ニ至度候」の一文があったと伝えられる。奥羽が皆敵なら、仙台藩も敵である。この密書は、世良の動向を監視していた仙台藩士の手に渡った。

六月十日、世良は、激高した仙台藩士によって斬首された。世良の死は、謀略によって仕組まれたもので、密書も偽物だったという説がある。暗殺計画は、密書が書かれる前に立案され、仙台藩の奉行から承認されていたからだ。また、傲慢で増長していたと批判され、憎悪を一身に集めた世良は、開戦原因を押し付けられただけだという見方もできる。

列藩の会議に、世良の暗殺が伝えられると、「満座人皆万歳を唱え、悪逆天誅愉快の声一斉に止まず」という状況になった。人が殺されて、万歳を唱え、愉快だと快哉を叫ぶのは、異常きわまる光景だ。総督府に抑え付けられ、鬱屈した感情が一気に爆発したと考えられる。この世良暗殺を契機として、列藩は、盟約書の調印へと一気に動いた。

奥羽越列藩同盟は、慶喜が大政奉還で想定していた「公議」を政治体制の中核としていた。諸藩の代表が評議する政策機関として公議所がつくられ、今後の政治と軍事の大方針が議論された。

榎本武揚（函館市中央図書館蔵）

同盟の基本戦略は「白河以北に薩長軍を入れない」ことだった。北陸道を進軍する新政府軍の迎撃には、長岡藩・米沢藩・庄内藩が当たることが決まった。武器弾薬の補給のため重要な新潟港は、列藩同盟の共同管理とすることになった。薩長軍を排除した後、最終的には南下して関東方面に進攻し、江戸城を奪還するという目標が決まった。壮大な戦略の先にあるのは、公議《こうぎ》輿《よ》論《ろん》に基づく政府の樹立だった。

発足後、しばらくしてから盟主として就任したのは、将軍家や大名家の血縁ではなかった。白羽の矢が立ったのは、明治天皇の叔父である輪王寺宮《りんのうじのみや》（入道公現親王）だ。上野寛永寺《かんえいじ》の貫主であり日光輪王寺の門跡だった輪王寺宮は、皇族でありながら将軍家に同情的で、慶喜の助命や東征の中止を働きかけていた。

上野戦争で、寛永寺が戦場になると、海軍副総裁だった榎本武揚の手引きで、海路東北に脱出して、仙台藩に身を寄せていた。一部の「奸臣」が牛耳る新政府軍に反感を抱いていた輪王寺宮は、盟主となることを受諾。正統な政治権力としての体裁を整えた奥羽越列藩同盟は、新政府軍の対抗馬として浮上する。

プロイセン鉄血宰相ビスマルクの野望

欧米列強も、奥羽越列藩同盟の勃興に注目していた。天皇の血を引く輪王寺宮を盟主とした効果はてきめんで、新政府に対抗しうる政治勢力だという印象を与えていた。

同盟側は、「国際世論を喚起して、諸外国を味方につける」という大方針で動いていた。列強の権威や軍事力を利用することで、優位を確立しようというのだ。その戦略が的外れでなかったことは、アメリカの新聞記事からもうかがえる。

「両陣営が、それぞれミカドを擁立しようと躍起になっている」

「北部（列藩同盟）の陣営は、勢力を増している」

アメリカ代理公使のファルケンブルグも「新しいミカドの存在は、北部の大同盟の結束を強めた」と評価していた。

輪王寺宮は、天皇として即位したという説もある。もし同盟側に天皇に匹敵する存在がいれば、対外的に正統な政府という主張が成り立つ。しかも、列藩同盟の実力は侮れず、むしろ優位に立っているという認識をアメリカに抱かせたなら、戦略的意義は大きい。

列強の一部の国は、奥羽越列藩同盟が戊辰戦争の帰趨を左右すると考え、積極的に接近を図っていく。地政学上の要所である極東日本の新たな支配者と蜜月関係を結べば、東アジアのパワーバランスを変え、国際的な政治秩序を再編できる可能性があったからだ。そうした野望を秘めて動き出したのが、プロイセン王国、後のドイツ帝国だった。

プロイセンは、神聖ローマ帝国の一部で「ブランデンブルク辺境伯領」と呼ばれていた。帝国内では最果ての地であり、弱小勢力に過ぎなかった。しかし、ドイツ騎士団領と合体して、十八世紀はじめに、プロイセン王国が誕生すると、ベルリンを首都として絶対王政を進め、強国への階段を上っていく。

プロイセン王国の最盛期は、一八六一年に即位したヴィルヘルム一世の治世であり、幕末・明治維新と重なる。王を首相として支えたのが、オットー・フォン・ビスマルクだ。不世出の天才政治家の下で、プロイセンはヨーロッパ世界に覇を唱える強国に生まれ変わっていく。ビスマルクは、「鉄血宰相」として日本でも有名だ。目指したのは、武力によるドイツの統一だった。就任直後、議会での演説で、「現下の大問題は言論や多数決によってではなく、鉄と血によってのみ解決される」と宣言。議会の反対を押し切って、予算を執行し、軍備増強を推し進めた。

鉄血政策によって、プロイセンの軍需産業も発展した。その代表格が、クルップ社だ。元は、一〇人しかいなかった小さな鉄工所は、ビスマルクの時代に、七〇〇〇〇人の従業員と巨大な工場をいくつも抱えるまでに急成長する。その躍進の原動力となったのが、鉄鋼の最先端技術であり、それを駆使した高性能の武器だ。旧幕府海軍の旗艦、開陽丸の主砲であるクルップ砲にも、その名を残している。クルップ社は「死の商人」として世界の戦場に武器を供給していく。

富国強兵を掲げたビスマルクは、領土拡張にもどん欲だった。一八六四年には、オーストリアと手を組んで、デンマークを破り、シュレスヴィヒ州・ホルシュタイン州を割譲させた。その二年後、今度は友軍だったオーストリアに戦争を仕掛け、わずか七週間で勝利を収めた。プロイセンには、参謀本部を創設し、軍の近代化を進めた大モルトケなど、有能な軍人が揃っていた。富国強兵を進め、兵器も近代化されていた。しかし、最大の脅威は、裏切りや策謀を躊躇なく実行できるビスマルクの外交術である。

ビスマルク（写真提供：ユニフォトプレス）

周辺諸国との戦争に勝利し、ヨーロッパで領土を拡大していったプロイセンが、次に目を向けたのが、アジアだった。アジアでは、アヘン戦争、アロー戦争を経て、中国市場に橋頭堡を築いたイギリスと、東南アジアやインドシナ半島の植民地化を進めるフランスが覇を競っていた。日本におけるパークスとロッシュの不協和音も、両国のライバル関係から読み解ける。

十九世紀、グローバル化は加速し、世界規模の資本主義が成立しつつあった。産業革命で大量に生み出される製品は、それを消費する海外市場を探していた。最大の人口と最大の市場は、アジアにあった。

しかし、先行するイギリスやフランスといった列強に比べると、プロイセンのアジア進出は大きく出遅れていた。幕末の日本への進出もそうだ。黒船が来航した一八五三年の段階では、ドイツ統一は成立しておらず、修好通商条約を結んだのは、一八六一年である。

ヨーロッパの大国としての地位を証明するためには、アジアでの存在感を高めなければならなかった。そのためプロイセンは、極東日本で他の列強を出し抜き、確固たる地位を築く機会をうかがっていた。千載一遇の機会は突然めぐってきた。日本の政治体制を揺るがす戊辰戦争の勃発であり、台風の目となる「奥羽越列藩同盟」の出現である。

近年、ビスマルクが日本駐在の外交官から受け取った機密文書が見つかった。戦争の行方について、プロイセンの見通しが記されていた。

「東北の同盟軍は勝利を収めるだろう」

アメリカ、そしてプロイセンが、どちらも列藩同盟の優勢を予測しているのが興味深い。その予測は、決して間違いというわけではなかった。この後、逆襲に転じた同盟軍によって、新政府軍は窮地に追い込まれていくことになるのだ。

北越戦争、河井継之助の秘められた戦略

新政府軍の東征大総督参謀は、二つの進攻ルートを想定していた。本州内陸部を抜けて、東北地方に通じる東山道と、日本海沿岸を進む北陸道である。

東山道では、土方歳三率いる新選組と旧幕府軍伝習隊の脱走兵などが宇都宮城を攻略したが、新政府軍は、増援部隊を送り込み、再び奪還に成功していた。新暦六月十日、旧幕府軍と合流していた新選組は、東北の玄関口である白河口に着目。会津藩の兵の加勢を得て、要衝にある白河城を奪い取った。ここに東北を戦火に巻き込んだ白河戦争が勃発した。

追撃のため宇都宮城から北進した新政府軍は、白河城の攻略に着手する。しかし、同盟軍二五〇〇に対して、新政府軍は七〇〇と兵力不足は否めなかった。陽動部隊が無数の旗を掲げて、大軍に見せかけるという奇策で同盟軍の目を引き付けた。その隙に、城を見下ろす要地を占拠して銃撃を加え、最後に決死隊が突入するという見事な作戦で、白河城を再び奪い返した。

東征軍の攻略目標である会津藩領までは、あとわずかだった。しかし、兵力や軍資金の不足

に陥り、進軍は滞った。原因は、新暦七月四日、江戸で起こった上野戦争だった。

上野戦争の主力は、慶喜の警護のために作られた彰義隊。総勢一五〇〇人。拠点とした上野の寛永寺の貫主は、列藩同盟の盟主となる輪王寺宮である。神出鬼没の彰義隊は旧幕府勢力と水面下で通じて、江戸の治安を脅かしていた。放置すれば、江戸市中に反乱の火の手が広がり、新政府の支配の土台が揺らぐ恐れがあった。

この反乱鎮圧の陣頭指揮に当たったのが、新政府軍きっての軍略家である長州藩の大村益次郎である。大村は、寛永寺を三方向から包囲すると、猛烈な攻撃を仕掛けた。切り札として投入したアームストロング砲の威力で彰義隊は、劣勢を余儀なくされた。戦線の立て直しを図ろうにも、三方向を固められ、残された退路は一方向のみ。だが、これは大村が仕掛けた罠だった。逃げようと殺到した時を見計らい、待ち伏せ部隊が大砲と銃を浴びせかけ、彰義隊を壊滅に追い込んだ。

しかし、輪王寺宮の確保には失敗。旧幕府海軍の榎本武揚の手引きによって、軍艦で東北に落ち延びた。政情が安定するまで新政府軍は、江戸に釘付けとなった。兵力を割かれた結果、東山道方面に増援を送ることが難しくなっていた。軍資金も底を突こうとしていた。

北陸道の新政府軍もまた困難に直面していた。越後長岡藩が、反旗を翻し列藩同盟に加わり、戦いを挑んできたのだ。新政府軍の参謀は、長州藩の山縣有朋《やまがたありとも》。日本陸軍の創設に関わり、の

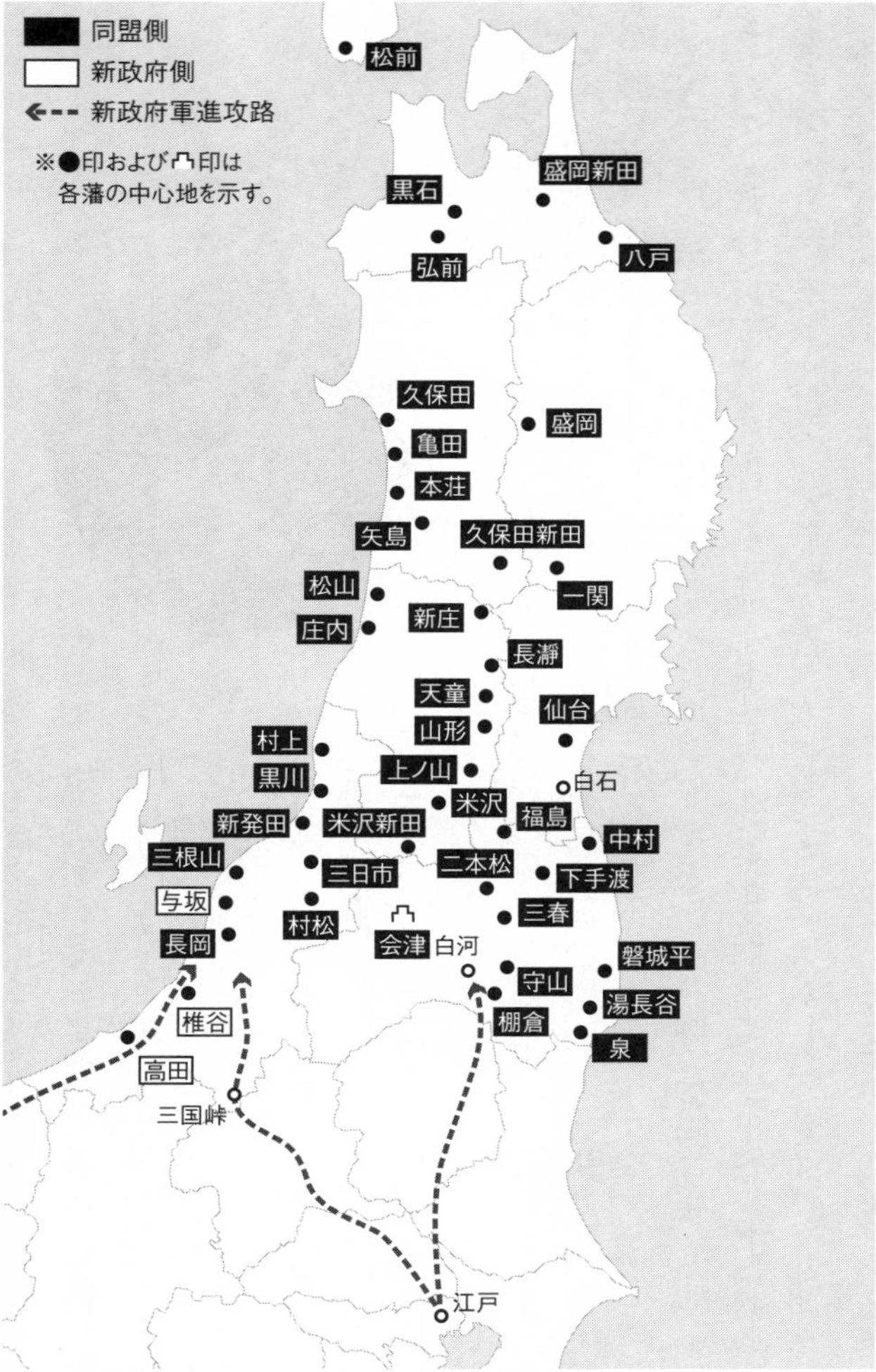

新暦6月29日(旧暦5月10日)段階での東北情勢
参考:『[決定版]図説・幕末 戊辰 西南戦争』(学研プラス)

河井継之助

ちに元老として政界の重鎮となる山縣だが、軍略家としての才能は、大村益次郎に遠く及ばなかった。大量の兵力を戦線に投入し、敵を圧倒するという単純な力押しの作戦で乗り切ろうとした。

越後口の同盟軍の総兵力は、約八〇〇〇。新政府軍は一万二〇〇〇（七月時点）。数の上では、有利である。しかし、その前に敢然と立ちはだかった最後のサムライがいた。長岡藩家老の河井継之助。司馬遼太郎の歴史小説『峠』の主人公である。「越後の蒼龍」として恐れられ、新政府軍を大いに苦しめた。越後長岡藩は七万四〇〇〇石と、決して大藩ではないが、藩政改革に辣腕《らつわん》を振るって、近代化を進めた名宰相でもある。

長岡藩は岐路に直面していた。鳥羽・伏見の戦いの後、新政府側の恫喝《どうかつ》に屈したり、甘言にそそのかされ、寝返る藩が続出。進軍ルートにあった越後長岡藩にも、軍資金や出兵の協力が突きつけられた。大義を守るため戦いを辞さない覚悟を固めるか、信念を曲げて恭順を誓うか。運命の選択である。長岡藩は揺れていた。

火中の栗を拾う格好で、藩の軍事総督となった河井継之助だが、その戦略といえば、「武装中立」路線が有名である。慶喜への寛大な処置を求めて新政府側との交渉に臨んだものの、傲岸不遜な軍監にはねつけられ、やむなく列藩同盟に加わって、戦端を開いたと言われてきた。果たして、それは真実なのか。

河井の秘められた戦略をうかがわせる証拠は意外な場所から見つかった。新潟県小千谷《おぢや》市の朝日山。新暦六月二十一日、新政府軍と長岡藩の交渉（小千谷談判）決裂後に始まった「北越戦争」の最初の激戦地であり、列藩同盟軍が、押し寄せる新政府軍を迎え撃った。

取材班は、戦いの痕跡を探そうと、金属探知機を使い、地中を探った。調査を始めてわずか一時間、探知機に反応があった。見つかったのは、椎の実形の銃弾だ。幕末軍事史に詳しい専門家（日本大学・淺川道夫教授）に分析してもらったところ、プリチェット弾の可能性が高いという。

プリチェット弾は、イギリスで開発された革新的なライフル弾で、長距離射撃用として定評があった。発射時、ガスの圧力で膨らんだ弾は、銃身に刻まれた螺旋《らせん》の溝に密着し、強く回転運動をする。これが、高い命中精度と飛距離の秘密だった。

テストでは、八〇〇ヤード（約七三二メートル）先の的に、二〇発中一九発も命中するほど、高性能の弾丸だった。二日間の調査で、一〇発が見つかったが、弾丸のサイズや形状が均一で、

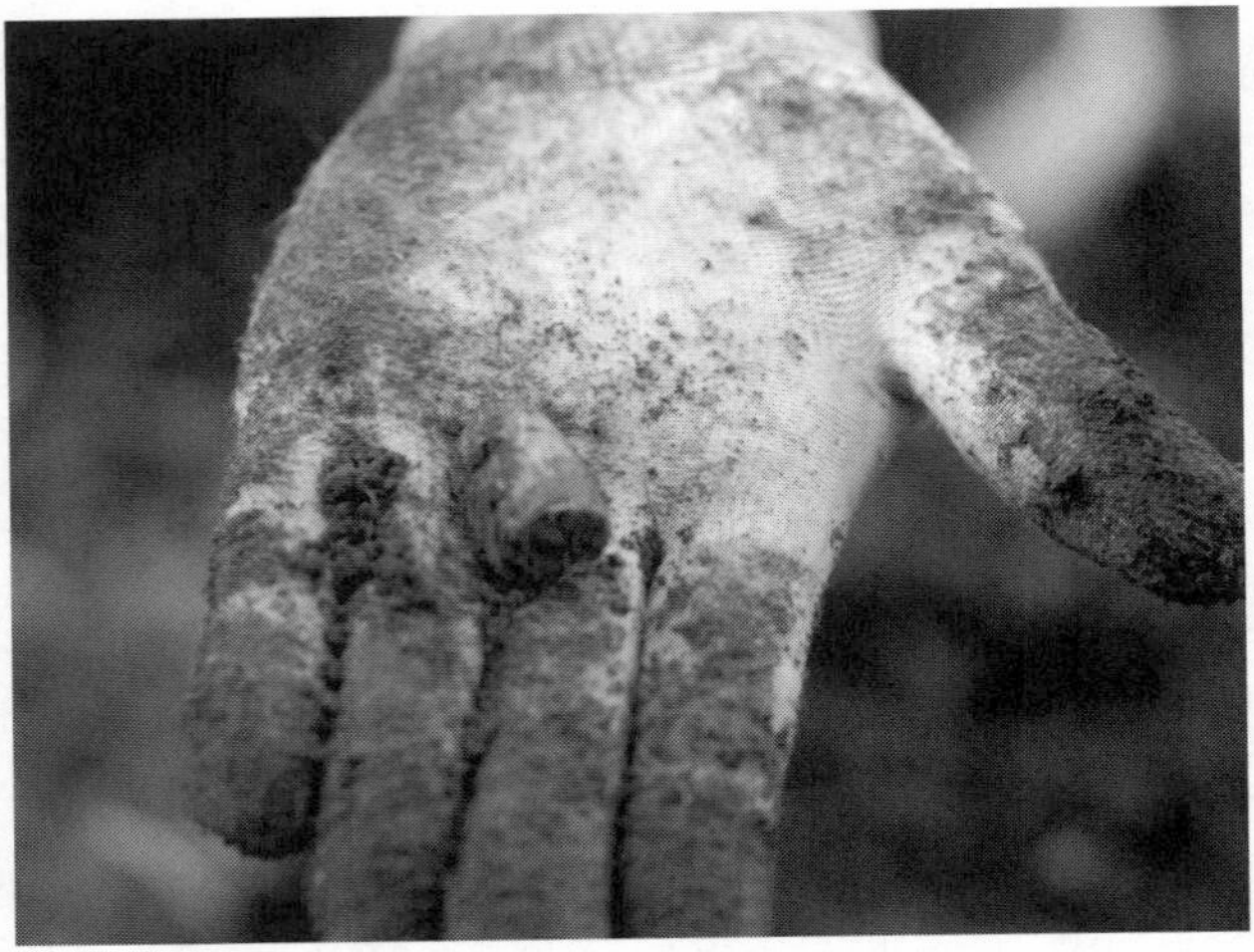

朝日山から発掘されたプリチェット弾（写真提供：NHK）

精度が優れていたことは一目瞭然だった。プリチェット弾は、戊辰戦争で主力兵器となったエンフィールド銃で採用された。

同盟軍は、崖の上に陣地を築き、弾丸はその下にあった。つまり、同盟軍が新政府軍に撃ち込んだ弾丸の可能性が高い。最前線で高精度の弾丸を量産することは困難であり、新政府軍との交渉決裂を待ってから、調達しようとしても遅すぎる。ここから、あらかじめ武器弾薬を買い揃えていたことが見て取れる。武装中立はあくまで擬態であり、新政府軍との交渉も相手の反発を誘って、開戦の理由を作るための芝居だった。

河井は、開戦前、江戸でエンフィールド銃を買いあさっていた。早くから戦争準備をして、開戦の時を待っていたと考えても矛盾はない。自軍の士気を鼓舞するため、決意を語った演説がある（出典：今泉鐸次郎『河井継之助傳』）。

「誠に浅ましい。中立するものを賊とみなすという。真の官軍とは認められない」

「自分は武士である。武士道に依って、奸を討ち、邪を退けて、斃《たお》れるのは望むところだ」

　北越戦争で数に劣る同盟軍は、巧みな作戦で敵を翻弄する。目をつけたのは、新政府軍が主力部隊と別働隊の二手に分かれて進軍してきたことだった。両部隊の間には、信濃川が横たわっていた。兵力を分散すれば、より広い範囲を制圧できるが、各個撃破される危険性も増す。

　同盟軍は、兵の多い主力部隊ではなく、兵の少ない別働隊に狙いを定め、攻撃を仕掛けた。別働隊は、国境《くにざかい》にある榎峠《えのきとうげ》に陣取っていたが、狭隘な空間に密集していて身動きがとりにくい。参謀の山縣有朋は、増援部隊を送り込もうと目論むが、雨で増水した信濃川に行く手を阻まれ、思うようにいかない。手をこまねいているうちに、同盟軍は新政府軍を挟撃して、榎峠を奪い取った。

　翌日から、峠を見下ろす位置にある朝日山で激戦が行われた。先手をとった同盟軍は、山の頂上を確保し、周囲にぐるりと塹壕を掘って、胸壁も築いた。即席だが、堅固な山城である。

新政府軍で、朝日山の攻略にあたったのは、長州藩の精鋭部隊である奇兵隊だった。参謀の山縣は、増援部隊の到着を待ってから、総攻撃を仕掛ける計画だったが、現場の指揮官は、霧が立ちこめてきたことで奇襲の好機が来たと考え、独断で攻撃をはじめてしまう。

歴戦の奇兵隊なら、賊軍を蹴散らすのも容易と考えたのだろう。しかし結果は、惨憺《さんたん》たる敗北だった。銃弾の雨を浴びせられ、指揮官も戦死した。同盟軍は、幸先のよい勝利を収めた。

暗躍するプロイセンの武器商人とガトリング砲

北越戦争の戦場で威力を発揮したエンフィールド銃やプリチェット弾。列藩同盟はいったいどうやって大量の軍需物資を手に入れたのか。

同盟軍の武器弾薬の調達に深く関わっていたのが、新興国家プロイセンだった。首相のビスマルクは、極東日本に辣腕の外交官を配置していた。マックス・フォン・ブラントだ。

父親は高名な将軍で、自身のキャリアも軍から始まった。一八六〇年、プロイセン東アジア使節団の武官となったことを機に、外交の世界に転じ、日本で領事や公使を歴任した。近年、ブラントがビスマルクに送った大量の機密文書がドイツ連邦公文書館ベルリン館で見つかり、ブラントが戊辰戦争で果たした役割の大きさに注目が集まっている。

ブラントは、列藩同盟に期待をかけ、注目していた。しかし、頭の痛い問題があった。戊辰戦争の勃発を受けて、列強六カ国が発した「局外中立宣言」だ。

中立の遵守を約束した各国政府は、交戦団体である新政府軍と列藩同盟軍に表立った軍事援助はできない。しかし、この制約に縛られない人々もいた。武器商人だ。国家間の取引はできなくても、個人間の商売は認められていた。この抜け穴を活用して、プロイセンは同盟軍への軍事支援を推し進めた。

大量の武器弾薬を海外から日本国内に輸送するには、拠点となる国際貿易港がいる。横浜、兵庫、長崎、箱館は、すでに新政府軍の統治下にあった。プロイセンは、列藩同盟の長岡藩が支配するエリアにある新潟に白羽の矢を立てた。幕末の安政五カ国条約で将来的な開港が決まっていた。英仏の艦隊が駐留する横浜から遠く離れていて、目立たず行動できることも利点だった。その結果、新潟には武器ビジネスで一攫千金を目論む「死の商人」が続々と押し寄せた。

マックス・フォン・ブラント（港区立郷土歴史館蔵）

戊辰戦争の水面下で暗躍した武器商人の中で、際立った行動力と底知れぬ野心を兼ね備

エドワルド・シュネル（写真提供：ユニフォトプレス）

え、戦局を左右した「怪商」がいた。シュネル（スネル）兄弟だ。いつ、どこで生まれ、なぜ日本にやってきたのか。長い間、国籍さえ明らかになってこなかった謎の商人だ。近年、ドイツ連邦公文書館で発掘された文書からプロイセンと深い関係があったことが確認され、秘密の活動が明らかになろうとしている。

　兄は、ハインリッヒ・シュネル。弟は、エドワルド・シュネル。開港直後の一八五九年、オランダ領だったインドネシアから日本に入国して、横浜で西洋雑貨を商っていた。長岡藩にランプを売った記録があるが、武器は扱っていない。日本語の心得があったことから、一八六三年、兄のハインリッヒが、プロイセン領事のブラントの下で、書記官として働き始めた。続いて、弟のエドワルドがスイス領事の書記官になる。

　運命の歯車が回り出すのは、一八六七年だ。大政奉還後の情勢を探るため、大坂に派遣されたとき、船中で長岡藩の河井継之助と知り合った。風雲急を告げる幕末の日本に、空前の商機をかぎ付けたのか。まもなく兄弟は外交官の職を辞して、エドワルドが新潟にエドワルド・シュネル商会を設立すると、本格的に武器売買に乗り出した。列藩同盟も武器補給の拠点として、新潟を重視し、各藩の主力部隊が防衛にあたることになった。

幕末日本で、国際的な兵器バブルが起きていた。銃に限ってみても、一八六七年には横浜と長崎の二港で一六万七〇〇〇挺、六八年には一四万二〇〇〇挺が輸入されていた。

新潟港全体のまとまった輸入記録はないが、エドワルド・シュネルの資料からは、ライフル五〇〇〇挺相当を売りさばいたことが確認できる。公式記録にない闇取引もあわせると、国内に流れ込んだ総数は膨大だった。日本は世界屈指の兵器輸入大国になっていたのである。

武器はどこからやってきたのか。取引を追跡すると、アメリカの南北戦争に突き当たる。北部の合衆国と南部の連合国が激突。アメリカを真っ二つに切り裂いた内戦は、四年以上にわたり、総死者数六一万あまりにのぼった。一八六五年に終結したが、厄介な「遺産」があった。二〇〇万とも言われる余剰兵器である。死の商人たちは、新たな戦争を欲していた。その売り込み先となったのが、戊辰戦争で血みどろの戦乱が続く日本だった。戦力増強を図りたい列藩同盟は、格好の顧客となった。

列藩同盟が手にした兵器の中には、戦局を一変してしまうほどの破壊力を秘めた兵器もあった。それが、スペンサー銃とガトリング砲である。南北戦争で実戦投入され、戊辰戦争でも驚くべき威力を発揮した。

スペンサー銃は、最先端の技術を導入した連発式の新型銃だ。七発の弾丸を収めた画期的なカートリッジ機構で、連射が可能だった。旧型の銃が弾丸を一発ずつ装塡しては発射するのに比べると、優位性は明らかだ。狙いを外しても、即座に修正して、とどめをさせる。歩兵部隊がこの銃を供与されれば、射撃が速く、正確になり、戦闘能力は格段に向上する。

同盟軍では、河井継之助率いる長岡藩がスペンサー銃四一挺を死の商人の仲間入りをしたシュネル商会から入手。米沢藩も二五〇挺を武器商人から買い入れて、精鋭部隊を編成。長岡藩への援軍として、北越戦争に参加していた。

敵を恐怖と絶望に陥れる兵器として、ガトリング砲を超えるものはない。スペンサー銃と同じ連発式だが、こちらは桁違いの毎分二〇〇発である。束ねられた複数の砲身が回転しながら、自動で弾薬を装塡し、連続して発射する仕組みだった。わずか一門で弾幕を生み出すことができた。単発銃を持った兵士の発射速度を毎分二発とすると一〇〇人分となり、二個小隊以上の戦力に換算できる。火を吐き、鉄の弾を撃ち出す異形の怪物のような姿と相まって、圧倒的な殺傷能力で戦場を支配した。

この兵器が開発されたアメリカで、当時の設計図をもとに復元されたガトリンク砲を使い、威力を検証した。標的に用いたのは、人体を模した厚さ二〇センチの氷塊である。それを、幅

ガトリング砲（河井継之助記念館蔵）

五メートルにわたって、隙間なく並べた。

砲身から発射された弾丸は、一瞬で目の前の氷塊を撃ち抜いた。砲身をわずかに右に回転すると、隣の氷塊も吹き飛んだ。続けざまに破壊し、三十秒後には跡形もなかった。弾幕の密度が高いため、防御姿勢をとることも、逃げ出すこともできない。ただ、なぎ倒されるのを待つだけである。

恐るべき決戦兵器を長岡藩のために輸送したのも、エドワルド所有の船だった（日本への輸入は、スイスの貿易商）。河井継之助は、二門のガトリング砲を購入し、一万両を支払っている。幕末の物価高騰を踏まえ、一両二〇万円で換算すると、二〇億円に相当する。七万四〇〇〇石の小藩としては、巨額の軍事支出である。

戊辰戦争下の日本では列強の武器商人が暗躍し、南北戦争の余剰武器を飲み込んで巨大な武器市場ができた。欲しい兵器は何でも手に入れることができた。戊辰戦争はまさに世界の動きと結び付いた戦いだった。プロイセンの武器商人シュネル兄弟と手を結び、最先端の兵器を装備した同盟軍は、さらなる攻勢に出ようとしていた。

長岡城をめぐる大攻防戦

新政府軍は、精鋭部隊の奇兵隊を投入しながら戦果を出せず、手痛い敗北を喫した。参謀の山縣有朋は、苦境に陥っていた。朝日山を奪取した同盟軍は、河井継之助の計略で要塞化を進め、難攻不落の山城を築いていて付け込む隙がない。山縣率いる新政府軍の主力部隊は、起死回生を狙って、同盟軍の拠点である長岡城への攻撃を画策する。

だが城にたどり着くには、水かさが増し、濁流が渦を巻いて危険な信濃川を渡らなければならなかった。橋は、同盟軍の銃と大砲に狙われていて、通れない。新政府軍は、陽動部隊で同盟軍の目を引き付けている間、主力部隊を移動させ、現地で調達した船で密かに川を越え、向こう岸に上陸した。長岡城を守備していた同盟軍は、信濃川という天然の要害に守られていたので安全だと思い込み、奇襲をまったく予期していなかった。城内には、わずかな守備兵しかいなかった。

この日、同盟軍は、信濃川を逆方向に渡って、新政府軍の主力部隊を叩こうとしていた。つまり、新政府軍と同盟軍は、信濃川を挟んで、互い違いに進軍していたのである。濁流を迂回した同盟軍の部隊は、新政府軍の陣地にたどり着いたとき、そこがもぬけの殻であることを知って愕然とする。

絶体絶命の危機を悟った河井は直ちに軍を率いて城下に引き返した。新政府軍を食い止めるために持ち出したのが、虎の子のガトリング砲だった。指揮官の河井が自ら砲手となって応戦したと伝えられる。

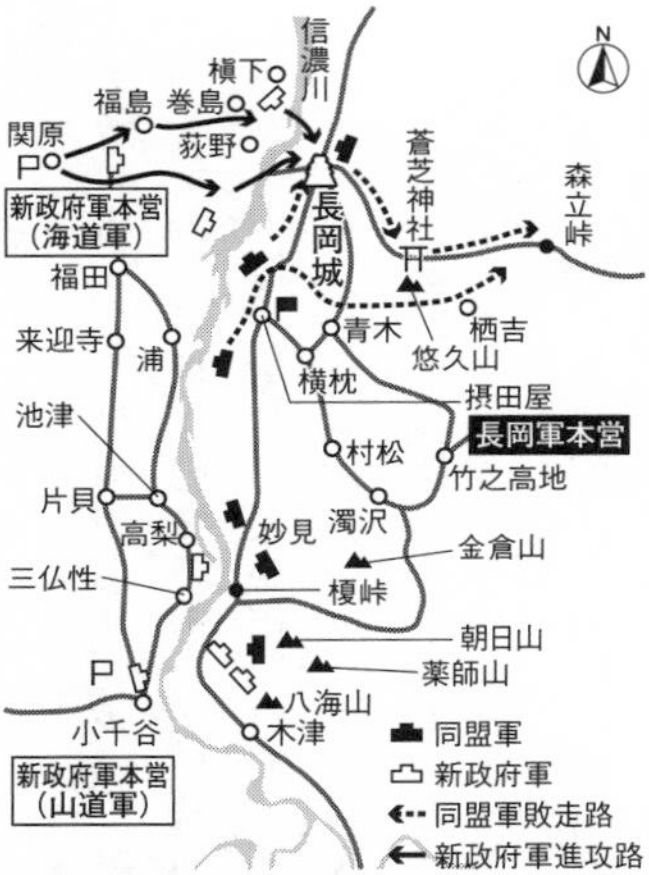

長岡城失陥戦要図

参考:『[決定版]図説・幕末 戊辰 西南戦争』(学研プラス)

最先端の技術を駆使した決戦兵器の威力は凄まじいものだった。立て続けに発射される弾丸が、新政府軍に襲い掛かり、兵士たちをなぎ倒したことだろう。同盟軍は一時進攻を食い止めることに成功したものの、四方から攻め寄せる新政府軍を押しとどめることができなくなり、ついに長岡城は落城する。藩主は危うく脱出し、全軍の崩壊には至らなかったものの、同盟軍にとっては手痛い敗北だった。

城は、戦略上の拠点であり、実戦に役立つ要塞であると同時に、同盟軍の権威を象徴する存在でもあった。将軍の城である江戸城を頂点として、各地に張り巡らされた大名の城のネットワークは、幕藩体制を可視化したものである。その正統性を受け継ぐ地方政権である列藩同盟は、大名の居城を易々と新政府軍に譲り渡すわけにはいかなかった。

河井継之助は、長岡城の奪還作戦を始動させる。新政府軍は長岡城につながる各街道に防御ラインを築いていた。その一角を食い破らなければ、城には到達できない。同盟軍は、北に向かう街道に面した戦略上の要衝である今町に狙いを定めた。

同盟軍の戦力は、長岡藩の兵に米沢藩と会津藩の援軍を加えて、総勢二八〇〇。各藩の兵は、最新の銃を供与され、精鋭揃いだが、数は多くない。そのため、主力部隊と分遣隊が別個に行動し、時間差をつけて攻撃を仕掛けるゲリラ戦術で敵を攪乱《かくらん》。防衛ラインを突き崩し、今町の奪還に成功した。

このあと、両軍はにらみ合い、戦線は膠着状態となる。河井は、勝機を逃さず、勢いに乗って長岡城を奪還したかった。しかし、同盟軍の内部から、慎重論が出され、足並みは揃わなかった。

新政府軍は、遠征軍ゆえの兵站《へいたん》の問題に直面していた。連戦で武器弾薬を消耗し、兵力も不足していた。危機感を抱いた参謀の山縣は、援軍を要請し、実に、三万の大軍が送られることになった。さらに東征大総督参謀である西郷隆盛が薩摩藩の精鋭を率いて、北越戦線に乗り込んでくるという案も検討されていた。そうなれば、同盟軍に勝機はなくなる。何としても、援軍が到着する前に、長岡城を奪還しなければならない。

新暦九月十日、河井継之助は、起死回生の長岡城奪還計画を決行する。動かせる兵力は、長岡藩の兵七〇〇のみだった。正面から攻撃を仕掛けても勝ち目はない。奇襲作戦が唯一の選択肢だった。

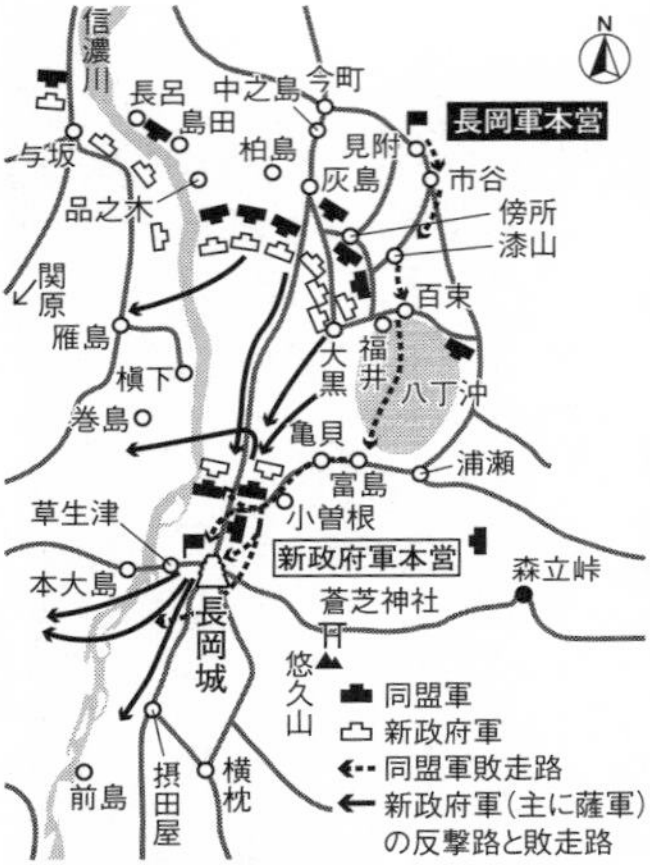

長岡城奪還戦要図

参考：『［決定版］図説・幕末　戊辰　西南戦争』（学研プラス）

進攻ルートは、城の北東に広がる八丁沖《はっちょうおき》。底なし沼もある広大な湿地帯で、大蛇や怪魚などの魔物が棲むと恐れられていた。人が寄り付かず、通行不可能と考えられていたため、新政府軍の守りの手薄な死角になっていた。長岡藩の各隊は、弾薬一五〇発と糧食として餅、そして青竹を一人一本ずつ渡された。青竹は、湿地帯を渡る秘密兵器で、底なし沼に足を取られないようにする命綱だった。攻撃直前、河井が、隊長たちに与えた訓示が残っている（今泉鐸次郎『河井継之助伝』）。

「御家の興廃も、この勝負にあり。天下の分け目も、この勝負にあり。精力を極めて、ご奉公しよう」

午後十時、長岡藩兵は八丁沖に潜入した。暗闇の中、二キロの道のりだ。音を立てたら、敵の歩哨に気取《けど》られる。監視の目を盗んで息を殺し、抜き足差し足で、泥の中を這いずり回るように進んだ。六時間後の午前四時、八丁沖を突破。先遣隊が長岡城下を目指して突進し、火を放つと、新政府軍の陣地に襲い掛かった。不意を突かれた新政府軍だったが混乱が収束すると反撃に転じ、各所で凄まじい白兵戦が始まった。

この戦闘中、河井継之助は敵から狙撃され、左ひざを撃ち抜かれて重傷を負ってしまう。激烈な攻防を制したのは、長岡藩兵だった。決死の覚悟で攻め寄せる長岡藩兵に押されて、新政府軍は防戦一方となった。参謀の山縣は敗北を悟り、退却を命じ、命からがら逃げ延びた。昼過ぎ、河井継之助率いる長岡藩兵は、宿願だった城の奪還に成功する。この大勝利に、同盟軍の士気は、最高潮に達した。

イギリスの策謀と河井継之助の戦死

大胆不敵な作戦で、長岡城を取り返した同盟軍。北越戦争で、予期せぬ苦戦を強いられた東征大総督参謀の西郷隆盛は、焦りの色を濃くしていた。プロイセンやアメリカの武器商人が、奥羽越列藩同盟側に最新の武器を流していることも発覚した。

新政府軍は、数こそ優位に立っていたが、情勢は急速に悪化し、勝敗の行方は一向に見通せなかった。近代戦のカギは、兵站が握る。しかし、新政府軍は、長駆しての連戦で疲弊の極みにあり、依然として弾薬不足も解消できていなかった。

何より致命的だったのは、戦略的に重要な新潟港を、同盟軍に支配されていることだった。新政府軍は海上輸送ができず、機動的に援軍を送り込むことも難しくなっていた。制海権を奪わない限り、突破口を開けないのは自明の理だった。

西郷率いる新政府軍は、新潟港の海上封鎖作戦に乗り出そうとしていた。軍艦を派遣して制海権を確保し、同盟軍に武器を供給している外国船の入港を阻止する作戦である。その成否を左右するのが、武器商人のバックにいるプロイセン政府の動向だった。

列強は、局外中立を宣言していて、表立っては武器輸出を認めていなかったものの、個人の取引は制約されないという立場を貫いていた。この抜け穴を利用して、シュネル兄弟などの武器商人は、プロイセン本国の黙認のもと、同盟軍に最新兵器を融通していた。戦争状態が続けば、武器の売り上げが伸び、武器商人の懐は潤う。そして、同盟軍が優勢となれば、プロイセンが対日外交の主導権を握る余地も生まれる。列強の反発を恐れた西郷たちは、海上封鎖作戦を強行する決断を下すことができず、慎重な立場をとっていた。

流れを変えたのは、イギリスと新政府軍の結びつきだった。駐日全権公使パークスの部下で、イギリスの対日政策に影響を与えていた外交官のアーネスト・サトウは、戊辰戦争の早期決着を望んでいた。内戦によって航行の安全が脅かされ、商品の移動が停滞すれば、自由貿易体制の確立は困難になる。世界の市場を結んで、その経済的なネットワークに日本を組み込むことがパークスやサトウの狙いだった。大局的に見て、戊辰戦争が長引くことは、イギリスの利益を損なうと憂慮していたのだ。

先のパークス暗殺未遂事件で襲撃犯を撃退する手柄を立て、パークスの信頼が厚かった薩摩藩士の中井弘蔵（神奈川裁判所判事）と会談したサトウは、海上封鎖についてこう助言した。

「外国公使たちは中立の宣言を発しただけで、その実施には無関係である。もし日本の当局が武器の輸入を止めさせたければ、外国代表に対して単に新潟港の封鎖を告示し、そこに軍艦を停泊させて、陸上との交通を遮断すればよい」

海上封鎖は国際法上認められた権利であり、列強から批判は受けないというのが、サトウの見解だった。イギリスの内諾を得た新政府軍は、列強に新潟港封鎖を通告する。パークスは、新潟港に赴くものは、イギリス政府の保護を請求できないと警告を発した。これは、列強の武器商人を牽制する効果があった。

新暦九月十一日、新政府軍は、電撃的な新潟港攻略作戦を開始する。二隻の軍艦に援護された四隻の輸送艦には、一二〇〇人の兵士が分乗し、大砲も搭載していた。一行が向かったのは、新潟港ではない。目的地は、あらかじめ同盟軍からの裏切りを約束していた新発田《しばた》藩領だった。

そこで小舟に乗り換えて続々と海岸に上陸すると、今度は陸路、新発田藩の密使の手引きで、新潟港をめざした。新発田藩は、同盟軍の兵がどこにいるのか、どこが手薄なのか知り尽くしている。新潟港では、新政府軍艦隊の攻撃を予期して、武器商人のシュネル兄弟（ハインリッヒ・シュネル）が砲台を取り付けるなど、防備を固めていた。

しかし、陸側からの攻撃は想定外だった。不意を突かれた列藩同盟の主力部隊は壊滅。新暦九月十五日、新潟港は新政府軍の手に落ちた。同じ日、新政府軍は、長岡城にも大軍を送り込み、再び攻め落とした。

制海権を失い、長岡城を失ったことは致命的だった。新暦十月一日、会津に落ち延びようとしていた河井継之助は、戦傷が悪化し、死亡した。北越戦争は、新政府軍の勝利に終わった。

第8章　イギリスの逆襲と幻の植民地化計画

平潟上陸作戦による東北戦争の急展開

列藩同盟は、皇族の輪王寺宮を戴いて、地方政権を打ち立て、関東に逆進攻するという戦略構想を抱いていた。そのためには、北陸道・東山道を進軍する新政府軍を撃破する必要があった。しかし、北陸道で敗れ去ったことで、計画は崩れ始める。

東山道では、福島の白河城を新政府軍に奪われて以降、同盟軍が大軍を送り込み、七度にわたって、攻略を試みていた。しかし、新政府軍の防御線は強固で、作戦指導も巧緻《こうち》を極めていた。そのため、城を攻め落とすことができず、一進一退の攻防が続いていた。

両軍の均衡を破ったのは、新政府軍の大胆不敵な策略だった。新政府軍の参謀は、同盟軍が白河城に目を奪われている隙をついて、海路、太平洋側から援軍を送り込む作戦を立てた。上陸地点として選んだのは、海運の寄港地として栄えていた平潟《ひらかた》である。

海軍力に劣る新政府軍だったが、江戸無血開城の後、旧幕府海軍から接収した「富士山丸」を擁していた。アメリカで南北戦争の時期に建造され、一二門の大砲を備えていた新型の軍艦である。幕長戦争で、実戦経験もあった。新政府軍は、富士山丸を含め、虎の子の戦力である三隻の軍艦を作戦に投入した。一度に輸送できる最大の兵力として、薩摩藩・大村藩・佐土原《さどわら》藩の一〇〇〇名あまりが乗り込み、第一陣の援軍として目的地に向かった。

海路、進攻してくる可能性は、同盟軍も予期していた。周辺には一四小隊を配置していた。敵前上陸作戦は、身動きが取れない態勢で狙い撃ちにされる危険性が高く、犠牲を覚悟しなければならなかった。

品川を出発した新政府軍の艦隊は、新暦八月四日、平潟沖に姿を現した。平潟には、仙台藩の小隊が待ち構えていた。しかし、富士山丸の巨体を目の当たりにして、恐れをなしたのか、戦わずして退却し、上陸作戦は成功する。新政府軍は平潟に橋頭堡を築くと、第二陣、第三陣を送り込み、増強されていった。対する同盟軍の仙台藩や米沢藩も迎撃部隊を送り込み、激しい攻防戦が繰り広げられた。

戦いの潮目を変えたのは、新政府軍の参謀だった板垣退助が率いる迅衝隊の働きだった。迅衝隊は、中通りの白河と平潟をつなぎ、戦略上の要衝だった棚倉《たなぐら》城を落とした。

これによって、海と陸を東西に結ぶ通路が開かれた。合流した新政府軍は、浜通りの重要拠点だった磐城平《いわきたいら》城の攻略に着手した。城には、戦意旺盛な磐城平藩の兵二〇〇に加えて、増援に駆けつけた仙台藩や米沢藩の兵も一緒に立てこもり、徹底抗戦し、二度にわたって、新政府軍を撃退した。

しかし、最終的に戦いを制したのは、海路と陸路で増援部隊を間断なく送り続けた新政府軍だった。磐城平城を陥落させた新政府軍は、浜通りと中通りの二方面に軍を分けると、同盟軍側の城や陣地を次々と駆逐して北上していった。のべ一〇回にわたる増援で、新政府軍は五〇〇〇名以上に膨れ上がっていた。福島では、城を落とされた棚倉藩や磐城平藩が崩壊して、戦闘不能になった。中村藩が降伏すると、戦線を維持できなくなっていた。

新暦九月十五日、板垣退助率いる新政府軍は、奥州街道の要衝にある二本松城に攻め寄せた。列藩同盟に与《くみ》する二本松藩は、徹底抗戦を決し、城に立てこもって迎え撃った。そこには、十二歳から十七歳までの少年兵も含まれていた。二本松少年隊である。二本松藩の勇猛果敢な戦いぶりを、板垣退助は激賞している。

「一藩こぞって身命を擲《なげう》ち、斃れてのち已《や》むまで戦い抜き、武士道の精髄を尽くしたのは二本松をもって最上とする」

最新のスペンサー銃やスナイドル銃を装備した新政府軍に対して、二本松藩の兵が主に使用したのは、旧式のゲベール銃やミニエー銃だった。銃身にライフリングは刻まれておらず、銃口から弾丸を装塡する方式で、射程距離も、命中率も、発射速度も最新式とは比べ物にならない。城下の防衛に当たっていた少年隊は、幼い命をなげうって、進攻を食い止めようとした。

しかし、列藩同盟軍は敗れ去り、二本松城は炎に包まれた。

怒濤の攻勢に蝕《むしば》まれ、列藩同盟の勢力圏は急速に縮小していた。福島は、浜通りも中通りも敵の手に渡った。しかし、同盟の雄だった仙台藩は、健在だった。総兵力は、一万四〇〇〇。

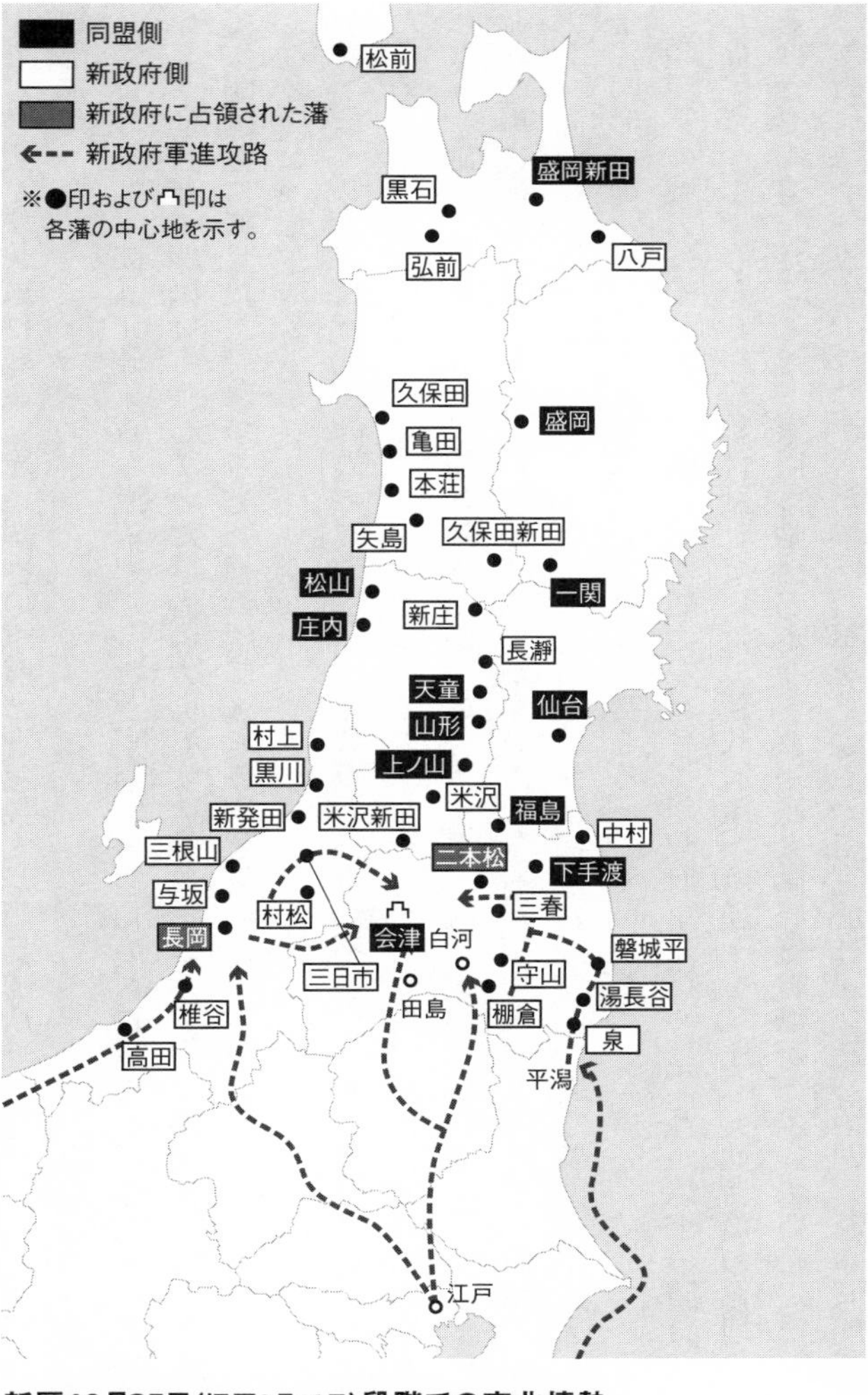

新暦10月25日（旧暦9月10日）段階での東北情勢

参考：『［決定版］図説・幕末　戊辰　西南戦争』（学研プラス）

中でも、イギリス軍に倣《なら》い、赤い羅紗《らしゃ》の軍服に身を包んだ額兵《がくへい》隊八〇〇名は、同盟軍屈指の精鋭部隊だった。

隊長の星恂太郎《ほしじゅんたろう》は、破天荒な激情家だった。東照宮の宮司の家に生まれ、尊王攘夷を奉じていた。仙台藩で開国を主張していた学者の大槻盤渓《おおつきばんけい》の暗殺を試みるが、逆に世界情勢を諭されて、開国派に転じた。脱藩すると、横浜でアメリカの貿易商だったヴァン・リードのもとで働くことになった。

ヴァン・リードは、武器商人でもあり、南北戦争の終戦で不要となり、国際市場に放出された兵器を幕末日本に持ち込んで、売りさばくビジネスを行っていた。星は兵器に精通するようになり、砲術も身に付けた。額兵隊は、最新のスナイドル銃、大砲、榴弾《りゅうだん》砲で武装していた。

同盟軍には、海軍力もあった。榎本武揚が率いる旧幕府海軍の艦隊が、江戸を脱走した後、東北に向かい、松島湾に寄港していたのだ。幕府海軍最強だった開陽丸を筆頭に、回天《かいてん》、蟠龍《ばんりょう》、千代田形《ちよだがた》、神速《しんそく》、長鯨《ちょうげい》という六隻の大艦隊が勢ぞろいしていた。

陸海軍の戦力は十分あり、仙台藩が総力を挙げて新政府軍に挑めば、互角以上の勝負ができたはずだった。しかし、藩論は割れていた。新政府軍が浜通りを制圧し、仙台藩の領地のすぐそばまで肉迫したことで、家臣に動揺が走り、恭順派と徹底抗戦派が、争っていた。

新政府軍も一枚岩ではなかった。同盟軍をどうやって瓦解に追い込むのか。基本戦略で意見が割れていた。しかし、三一の藩の合議体だった列藩同盟も、指揮命令系統が曖昧だった。ここを叩けば、すべてを破壊できるという戦争指導の心臓部がなかったのだ。

大総督府の参謀は、軍略の天才として名高い長州藩の大村益次郎だった。大村は、当初大総督府で決めた作戦通り、仙台藩への攻撃を優先すべきという意見だった。しかし、前線部隊の参謀である土佐藩迅衝隊の板垣退助と薩摩藩の伊地知《いじち》正治《まさはる》は、反対した。会津藩を先に倒すべきだと、譲らなかった。

結局、幕末の京都で討幕派の弾圧に辣腕を振るい、不倶戴天の敵となっていた松平容保の会津藩を攻めるという意見が大勢を占めた。戊辰戦争最大の激戦にして、最大の悲劇となる会津戦争の幕が切って落とされようとしていた。

公使ブラントの極秘計画

会津戦争は、列藩同盟にとって事実上、最後の決戦だった。この戦いには、戊辰戦争の流れを左右する存在となったプロイセンが想像以上に深く関わっていたことが、今回ドイツで発掘された機密資料から明らかになってきた。その詳細な内容については後述する。

プロイセンは列藩同盟に接近し、その息のかかった武器商人のシュネル兄弟が暗躍し、ガトリング砲をはじめとする強力な武器を惜しげもなく売りさばいた。それは、単に貿易上の利益

マックス・フォン・ブラントの風刺画「オルガン弾きのライバル」(横浜開港資料館蔵)

を得たいためだけではなかった。プロイセンが大いなる野望を抱いて、日本で秘密の計画を進めていたことが新資料から明らかになってきたのだ。

カギを握る人物は、マックス・フォン・ブラント。あのビスマルクが日本に送ったプロイセン代理公使である。ブラントを描いた当時の風刺画がある。題名は、「オルガン弾きのライバル」。一番右側のブラントは、長身の音楽家に扮し、徳川家の葵の紋が入ったオルガンを弾いている。列藩同盟側を支持していることを示している。敵対する音楽家は、左側で背を向けるイギリス公使のパークスだ。明治新政府を意味する菊の紋がついたオルガンを奏でている。

この風刺画は、戊辰戦争が実は、イギリス

とプロイセンの勢力争いの舞台だったことを教えてくれる。ナショナル・ヒストリーの視点では、戊辰戦争は新政府軍と列藩同盟の戦いとして描かれてきた。

しかし、グローバル・ヒストリーの視点では、世界史を動かす新旧二大列強の激闘に他ならなかった。そのことは当時も、メディアが喧伝するくらい、周知の事実だった。ブラントは、イギリスを追い落とすために、どんな策謀を巡らしていたのか。

手がかりは、ドイツ・ベルリンの博物館にあった。収蔵庫には、ブラントが幕末の日本で集めたコレクションが眠っている。特に充実しているのが、蝦夷地（北海道）の先住民であるアイヌ民族関係だ。中でも、見事な刺繍《ししゅう》を施したアイヌ伝統文様の衣装の素晴らしさには、目を奪われる。

ブラントは、二度にわたって、蝦夷地を探検している。一度目は一八六〇年。プロイセンをはじめとする三〇のドイツ系小国家が、初めて日本に外交使節団を派遣したときだった。全権代表は、後にビスマルク政権の内務大臣として辣腕を振るうオイレンブルク伯爵である。与えられた使命は、アジア貿易を拡大するため、日本と通商条約を締結することだった。しかし、幕府との交渉は難航する。三〇もの国と条約を交わすのは煩雑《はんざつ》を極め、面倒に見合った利点も見出しにくいから、幕府も消極的になる。交渉が長引くのも止むをえなかった。暇を持て余した使節団は学術調査に力を注いだ。

十九世紀は、探検家たちの黄金時代であり、ドイツ科学界の勃興期でもあった。使節団には、地理学者、文化人類学者、生物学者が同行していた。着物や料理から生き物まで、目にするすべてが珍しく、博物学的な知的好奇心をそそられる。調査隊は、一〇〇〇枚以上の写真を撮り、美しく精細な版画や素描《そびょう》を残した。冒険家の気質もあったブラントは、辺境だった蝦夷地に関心を抱いた。運命の出会いである。

一八六一年に日本プロイセン修好通商条約が調印されると、翌年ブラントは初代駐日領事となった。その三年後の一八六五年、蝦夷地探検に出かけた。幕府と討幕派の対立が激化していた一八六七年にも、再び蝦夷地に向かった。

箱館から太平洋岸を北上して、室蘭から勇払《ゆうふつ》まで踏破し、石狩平野を抜けて、小樽から日本海側を回り込んだ。江差《えさし》から松前へと南下し、箱館に戻る。馬に乗り、船に乗り、歩きに歩いて、二十日余りの大冒険である。

この頃は、ロシア人が樺太への進出を強化し、脅威となっていた。隣接する蝦夷地は、地政学的に極めて重要な場所であり、情報収集が狙いだった。第二回の蝦夷地探検から帰ったブラントは、途方もない野心を胸に秘めていた。それが、蝦夷地の植民地化計画だった。

ドイツ日本関係史料の調査研究プロジェクト（五百旗頭薫《いおきべかおる》代表）によって、ドイツ連邦公文書館で発掘された機密文書から、ブラントの驚きの計画を紐解いてみよう。一八六七年二月、陸海軍大臣に送った意見書で、ブラントはいかに蝦夷地が植民地として最適かを力説している。

「蝦夷の気候は北ドイツと似ていて、広大な面積に一五〇万の人口を受け入れることができる。鉱物資源や木材、海産物などを豊富に産出する。馬・牛・豚・鳥類などの家畜もいるが、伝染病は少ない。好適な耕作植民地となる。プロイセンから国外に出ている年二万四〇〇〇人の移民の一定数を蝦夷地に振り向けるべきだ」

「軍備は、箱館や松前にいくらか要塞がある程度で取るに足りない。簡単に攻略可能である」

プロイセンの世界戦略にとって蝦夷地は重要だった。蝦夷地に通商保護のための拠点ができれば、それを足がかりにアジア太平洋方面への勢力拡大が可能になるからだ。

軍人出身のブラントは、蝦夷地にプロイセン軍が上陸して、軍事占領するシミュレーションまで披露している。この冒険的な計画に、陸海軍大臣は乗らなかった。あからさまな侵略行為を、イギリスやフランスなどの列強が認めるはずがない。両国が営々と築き上げてきた経済的な権益を害する恐れがあるからだ。プロイセンの海軍はまだ発展途上で、世界最強の大英帝国海軍の敵ではなかった。上陸作戦は、極東艦隊に阻止され、失敗に終わるだろう。

軍事力を用いずして、蝦夷地を手に入れる方法はないのか。思わぬ機会を与えてくれたのが、日本史上最大規模の内戦である戊辰戦争の勃発だった。ブラントは気づいていた。全国を二分した戦争で日本が混乱し、弱体化している今こそ蝦夷を手に入れるチャンスだということに。

本国に送った報告書で、ブラントは繰り返し、野心を露わにしている。

「蝦夷地の植民地化を強く勧める。八隻のコルベット艦と同数の砲艦からなる船団と五〇〇〇人の上陸部隊があれば、蝦夷地をプロイセンの手中に収めることができ、第三者の介入を抑止することができる。日本政府の無能さと傲慢さと生意気さを合わせれば、そのような行動の口実を見つけるのは簡単なことだ。現地には、わずかな日本人と絶滅寸前のアイヌが住んでいるに過ぎない」

ブラントは、蝦夷地を管理していた国内の勢力を調べあげていた。機密文書の中に、細かく色分けされた蝦夷地の地図が残されている。蝦夷地の支配といえば、アイヌとの交易を独占した松前藩が有名だ。しかし幕末、ロシアが本格的に南下すると、幕府は国防強化に乗り出し、会津藩や庄内藩などの東北諸藩を動員して、蝦夷地を分割し、管理下に置くようになっていた。

この体制は、戊辰戦争の勃発後も引き継がれた。つまり、列藩同盟に取り入って、藩主をひとりでも口説き落とせば、その一部を租借することも可能だった。新政府軍は戦力を本州に振り向けたため、蝦夷地は一時的に空白地帯になっていた。ブラントは、会津藩に狙いを定める。プロイセンの公使が直接取引を持ち掛けるのは、危険すぎる。ブラントの手足となって動いてくれる「密使」が必要だった。白羽の矢が立ったのは、列藩同盟に深く食い込んでいたシュネル兄弟だった。

知られざるシュネル兄弟の企み

列藩同盟の東北に、戦火が迫っていた。新政府軍を迎え撃つためには、大量の兵器がいる。銃や大砲に装填する弾薬もいる。秘密取引のため、プロイセンと水面下でつながる武器商人が暗躍していた。その代表格が、シュネル兄弟の弟エドワルドが新潟に設立したシュネル商会である。

武器の密売がエドワルドの領分なら、外交や秘密工作は兄ハインリッヒの領分だった。ハインリッヒは、横浜のプロイセン領事館・公使館に、書記官として勤務していた。日本語に堪能で、通訳としても活躍し、ブラントの厚い信頼を得ていた。ところが、戊辰戦争の勃発直前、一八六八年一月十六日に、不可解な辞職に踏み切っている。このとき、地下に潜ったハインリッヒは、ブラントの意のままに動く「影」となった。

ハインリッヒは、長岡藩の河井継之助が敗れ去ると、米沢藩に接近する。第九代の藩主で名君の誉れ高い上杉鷹山《ようざん》の藩政改革で知られる米沢藩だが、幕末には軍制改革を断行して、最新鋭のスペンサー銃やミニエー銃を買い揃え、列藩同盟の中核となっていた。武器を斡旋したのは、弟エドワルドのシュネル商会である。

シュネル兄弟とのつながりを示す証拠が、米沢市上杉博物館に保管されている「スネル銃」

スネル銃（米沢市上杉博物館蔵、写真提供：NHK）

だ。ハインリッヒが、第一二代藩主の上杉斉憲《なりのり》に献上したと伝えられるアメリカ製の銃である。北越戦争では、七連発のスペンサー銃を装備した精鋭部隊の「散兵隊」が、新政府軍と激戦を繰り広げ、鬼神のごとき強さで恐れられた。その陰の立役者が、シュネル商会だったのだ。

　ハインリッヒは巧みに米沢藩上杉家に取り入り、藩主に謁見を許されるほどの信頼を獲得していった。浸透工作は、驚くようなレベルに達していたことが、米沢藩の内部資料からわかった。

「総督、よって、越後軍の参謀に頼みたく、云々《うんぬん》を言う。スネル、大いに喜び」

　ハインリッヒが列藩同盟の参謀に任命されていたことが記録されていた。弟が、武器商人として兵器を列藩同盟に供給し、兄は元外交官の立場を超えて、軍事作戦を指導する地位を得ていたのだ。戊辰戦争は、シュネル兄弟の戦争になっていた。そして、背後で糸を引いているブラントの戦争でもあった。シュネル兄弟が突破口を開き、列藩同盟との絆が深まることで、凍結されていたブラントの蝦夷地植民地化計画が、再び息を吹き返した。

一八六八年七月三十一日付で、ブラントがビスマルクに送った機密文書によると、会津藩と庄内藩が、秘密の取引を申し出てきたという。

「会津・庄内両藩が、私に対して、蝦夷地もしくは日本の西海岸にある領地をプロイセンに売却したいと内密に申し入れてきた」

新暦七月三十一日といえば、白河城を奪還するために、列藩同盟が総攻撃をかけた日である。しかし、板垣退助の迅衝隊に退けられ、失敗に終わっていた。戦乱が長引けば、武器弾薬が不足し、軍資金が枯渇するのは明らかだった。領地を担保に差し出すほど、列藩同盟側も追い詰められていた。

「会津藩と庄内藩は、蝦夷の土地を担保に、金を無心している」「この申し出に応じれば、蝦夷は九十九年間プロイセンのものになる」

ブラントは、金を貸し付ける代償として、蝦夷を支配する権利を譲り受けようとした。軍事力を一切使わず、血を一滴も流さず、合法的な取引で、蝦夷の植民地化が可能になる。千載一遇の好機がやってきたのだ。

ビスマルク宛の秘密書簡でわかった驚くべき計画

ブラントの期待に反して、ビスマルクは提案に飛びつかなかった。蝦夷を植民地にして、移民を送り込む経済上の利益が果たしてあるのか。なにより、植民地を手に入れることで他の列強と対立することになるのではないかと警戒していた。

ビスマルクの消極的な反応は、ドイツのフライブルク軍事文書館で見つかった海軍大臣宛の書簡からうかがえる。海軍の拠点を獲得するという限定的な範囲であっても、交渉に応じるのは列強の嫉妬を招き、適切ではないという判断だった。

ビスマルクにとって最優先の課題は、三〇の小国に分かれていたドイツを、プロイセン王国の強力な指導の下で統一することだった。国際的な承認を得るためには、イギリスやフランス、ロシアを味方につけておく必要があった。極東日本で領土的な野心を巡らせていることが露見すれば、列強は危機感を高め、反プロイセンの包囲網を築くだろう。そんなリスクを冒すわけにはいかない。

「鉄血宰相」の強権的なイメージとは裏腹に、ビスマルク外交は国際協調路線を貫いていた。皇帝のヴィルヘルム二世から臆病と評されるほど、慎重だった。ビスマルクは、会津藩と庄内藩の提案を拒絶するように指示する。

ブラントも、列強の動向は計算に入れていた。だが、結論はビスマルクと違った。蝦夷地の獲得は、他の列強も支持してくれるはずだと判断していた。根拠は、ユーラシア大陸で繰り広げられたグレート・ゲーム、大英帝国とロシア帝国の覇権争いだった。蝦夷地はロシアと国境を接している。地政学的に、ロシアの膨張を食い止める盾となりうる。ロシアの脅威を削ぐため、第三国であるプロイセンが蝦夷地に軍事拠点を作ることをイギリスは黙認するはずだ。

「我々による蝦夷の獲得はロシアのさらなる南下に対抗するための保障となるであろう」

ビスマルクの高い壁を超えるには、イギリスが反対に回らないだけでは足りない。列藩同盟に軍資金を注入するのは、局外中立を破る戦争協力である。新政府軍にとっては、領土侵犯であり、内政干渉である。依然として、賭けの要素が大きい。策謀を実行するには、蝦夷地を入手できる確実な手形が欲しかった。

列藩同盟との秘密交渉のために送り込まれたのが、シュネル兄弟の兄ハインリッヒである。外交官としての交渉能力に加えて、情報収集能力も高く、スパイやエージェントの役割もこなせたと考えられる。確かに、秘密交渉を取り仕切る密使として、ハインリッヒは最適だった。

プロイセンの元陸軍大将というニセの肩書で、会津藩に接触した。軍人の経験はなかったが、戦略眼があり、戦術にも精通していると思い込ませることができた。信頼を獲得して、参謀になると、会津城下にあった「異人館」を拠点とした。列藩同盟の軍事顧問として、隠然たる影響力があったハインリッヒは、会津藩と庄内藩から、蝦夷地を租借する同意を得た。しかも、翻意できないように委任状まで取り付けた。ビスマルクを口説き落とすための約束手形である。

ハインリッヒは、東北から横浜に舞い戻ると、ブラントに委任状を渡した。十一月十二日、成功を確信したブラントは、ビスマルクに宛てて、暗号文で秘密報告を送っている。

「シュネルが昨日戻ってきた。庄内藩と会津藩の委任状を持参している。蝦夷島の土地を借款《しやつかん》と引き換えに九十九年担保に出すというものだ。委任状は（形式面でも合法的で）問題ない。三〇〇万メキシコドルあれば、一〇〇平方マイルの領地を買うのに十分だろう。庄内藩と会津藩の領土には、良港がない。しかし、いったん足場を得れば、他の購入は容易だ。蝦夷の島全体が少額の金で簡単に手に入る」

プロイセンが機会を見過ごせば、蝦夷は他の列強に渡る。ブラントは、列強が虎視眈々と蝦夷を狙っていることをビスマルクに吹き込むことも忘れなかった。ロシア帝国は、コサック兵を樺太に送り込んで、軍事拠点化を進め、蝦夷地の周辺で艦隊行動を活発化させていたから、脅しというわけでもなかった。

ビスマルクからローン海軍大臣への機密文書によると、本国政府はブラントの提案を拒絶する判断を下していた。

「交戦中のどちらか一方と土地獲得の交渉を開始すれば、他の駐日各国代表との間に不信や嫉妬を引き起こし、他国との協調関係を乱すことになって、中立を維持すべき立場を危うくしかねない」というのが理由だった。

列強を警戒するビスマルクの反応は、想定内だった。ブラントは先回りして、予防線を張ることも忘れなかった。八月二十一日に送った追加の秘密報告書には、以下の記述がある。

「長崎にあるイギリス商社のグラバー商会が数年前から薩摩藩に琉球の諸島を担保として資金を貸し付けていたのだが、イギリス政府がその事情を把握し、好機を捉えて同商会の利権を手に入れた。さらに、アメリカも長崎に海軍基地を設置するための土地取得を計画している」

イギリスもまた日本で植民地の獲得に向けて、動き出しているという情報を伝えている。琉球諸島を担保として、長崎のグラバー商会が新政府軍に対する三〇万ドルの借款に同意し、それをイギリス政府が保証するというのだ。グラバー商会を隠れ蓑にしていても、実質的にはイギリスによる琉球の植民地化計画である。イギリスは、列藩同盟にも忍び寄り、五〇万ドルで会津藩から鉱山のリース権を獲得しようと交渉していた。ここでも、ジャクモというイギリス籍の武器商人が仲介役として暗躍していた。

十一月十一日付のビスマルク宛秘密書簡で、ブラントはライバルの影響力増大を食い止め、攻勢に出ることの意義を訴えていた。

蝦夷地の獲得は、ロシアのさらなる南下に対抗するための保障になると同時に、この海域における英国の地歩の確立に対抗するための安全保障になる」

戊辰戦争下の日本は、地政学上の焦点となっていた。そこには、危険と誘惑が渦巻いていた。チェスの盤面を読み解くように、極東情勢の行方を読んだビスマルクは、考えを変化させた。万全の注意を払うことを条件としつつ、植民地化の交渉を進める決断を下した。

「会津藩・庄内藩との交渉開始の権限を与える」

ブラントは、賭けに勝ったのだ。

会津戦争、裏をかかれた同盟軍

列藩同盟と新政府軍の戦争について、ブラントは「現在の政府すなわち南部連合の崩壊で終わるとしか推測できない」と、楽観視していた。

ブラントの意を受けたシュネル兄弟の兄ハインリッヒが、蝦夷地の植民地化に向けて工作活動を本格化させていた頃、列藩同盟の運命を決する戦いが起きようとしていた。会津戦争の勃発である。

新政府軍が会津藩の領内に進攻し、会津若松城を落とすには、複数のルートが想定できた。日光から会津西街道を通って山王《さんのう》峠に来るか。白河街道からの勢至《せいし》堂《どう》峠か、二本松街道からの

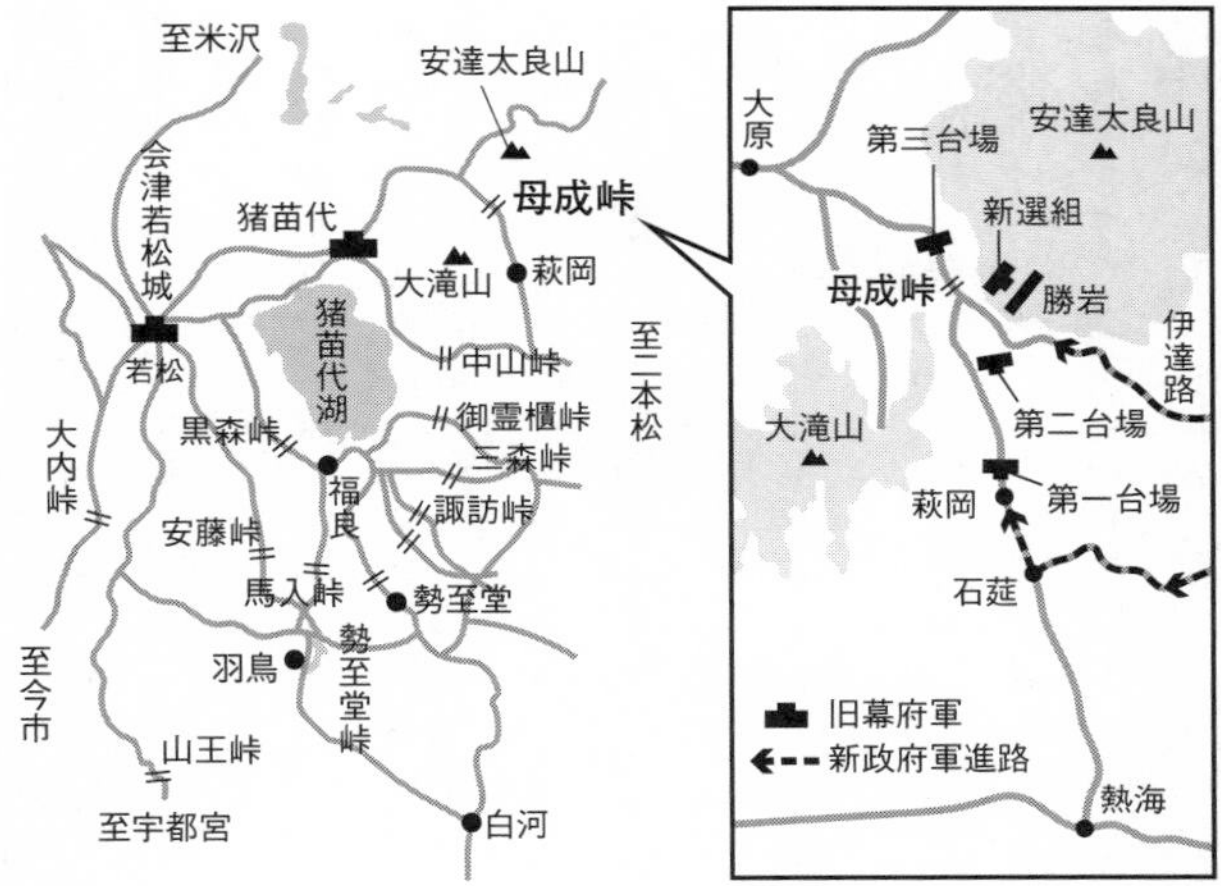

会津戦争と母成峠戦場図

中山峠か。すべての街道に迎撃の兵を均等に配置することはできなかった。兵力分散の愚行を犯すことになり、新政府軍の大兵力に対抗できなくなるからだ。会津藩は、戦う相手が繰り出す作戦を読んで、ルートを絞り込む必要があった。

会津藩が最有力と考えたのは、猛攻を受けて陥落した二本松城から最短距離で中山峠を抜けるルートである。新政府軍は戦勝の余勢を駆って、中山峠に攻め寄せると会津藩は予測していた。読みは的中したかに思われた。新政府軍が実際に中山峠に姿を現したからだ。

行く手には、同盟軍が万全の構えで待ち構えている。まんまと罠にかかったと、安堵したのも束の間だった。敵の兵力は八〇〇。あまりにも少なすぎた。その正体は、敵の目をくらますための陽動部隊だった。罠にかかったのは、同盟軍だったのである。

新暦一八六八年十月六日、新政府軍は、中山峠につながる二本松街道の本街道を避けて、脇街道に迂回し、母成《ぼなり》峠に進軍した。兵力二二〇〇という大軍である。この日は、峠の一帯に濃霧が立ち込めていたので、敵に気取られず、移動できた。

裏をかかれた同盟軍だが、母成峠がまったく無防備というわけではなかった。二日前、旧幕府陸軍の伝習隊と、新選組が守備に就いていた。強敵と遭遇してしまうのは、凶運のためなのか、それとも軍神の恩寵なのか。会津藩や仙台藩の兵と合わせて、守備隊は八〇〇。伝習隊を率いた元歩兵奉行の大鳥圭介《けいすけ》は、縦深防御の戦術で対抗した。

大砲を据え付けた防御陣地（台場）を複数設けて、新政府軍の前進を遅らせつつ、反撃を加え、最大限の犠牲を払わせることが狙いである。伝習隊は奮戦したが、衆寡敵せず、新政府軍の大部隊が霧の中から現れ、背後を襲われると、総崩れとなった。新選組も、六名が戦死している。

母成峠を突破した新政府軍は、猪苗代《いなわしろ》湖の湖畔を抜けて、会津若松城へ直行しようとした。会津藩は、天然の要害で堅固なはずの国境がこれほど簡単に破られるとは思っていなかった。なんとしても進軍を止めなければならない。

そこで、猪苗代湖から流れ出る川に架かった石橋「十六橋《じゅうろつきょう》」を破壊する作戦を決行した。しかし、新政府軍の進軍は電撃的で素早く、石橋の破壊が完了する前に、襲撃を受けてしまう。会津藩の部隊は、旧式のゲベール銃にライフリングを施した改良型のヤーゲル銃で応戦する。しかし、新政府軍の高性能なスナイドル銃との力の差は歴然だった。十六橋は突破され、会津若松城攻略に至る道が開かれた。

プロイセンの計画は闇に消えていった

新暦十月八日、母成峠を越えた新政府軍は、会津若松城下に向かって進撃する。会津藩にとって、たった一日で国境が破られたのは、想定外だった。各方面の戦力を呼び戻す時間はなかった。

十代の少年たちによって組織された予備兵力の白虎隊を戦線に投入する決断を下す。白虎隊の二番隊が、最前線の戸《と》ノ《の》口原《くちはら》で迎撃にあたった。しかし、旧式のヤーゲル銃では太刀打ちできず、怒濤のように押し寄せる新政府軍を食い止めることはできなかった。電撃的な進攻で、指揮命令系統が寸断され、味方の情況も見えない中で、炎の上がった城下町を飯盛《いいもり》山から目撃した白虎隊士が自刃するという悲劇が起きた。

会津藩が存亡の危機に瀕する一方、同盟軍の参謀になっていたシュネル兄弟は、何をしていたのか。兄のハインリッヒは、会津攻撃作戦が始まる一カ月前の新暦九月四日、会津藩士及び

ハインリッヒ・シュネル（サムライの姿、写真提供：ユニフォトプレス）

米沢藩士と面会して、ヴェトナムのサイゴンに向かい、外国人の傭兵《ようへい》三〇〇〇人を連れてくるという驚きの計画を明かしている。ハインリッヒは、会津藩を脱出して、横浜へと向かったと推測される。その懐には、軍資金と引き替えに、蝦夷地の租借を約した委任状がある。

壮大で堅牢な会津若松城が陥落するはずがない。勇猛果敢な会津藩の兵が降伏するはずがない。ブラントがビスマルクを説得して、プロイセン軍が援軍に駆けつければ、鎧袖一触《がいしゅういっしょく》、新政府軍を蹴散らしてくれるに違いない。武器商人として同盟に接近したハインリッヒだったが、会津藩士と行動を共にするうち、サムライのような姿に変貌していった。羽織と袴《はかま》を身につけ、藩主からもらった日本刀を腰に差していた。「平松武兵衛」と名乗り、武家屋敷に起居して、会津の女性を妻としていた。

列藩同盟の最終的な勝利を信じたのは、ブラントも同様だった。脳裏には、榎本武揚率いる旧幕府海軍の動向があった。十月八日、ビスマルクに宛てた秘密書簡では、脱走した榎本の艦隊が、新政府軍に軍艦や武器を引き渡すことを拒否して、列藩同盟に加わることを宣言したことを伝えている。

「（戊辰）戦争は、ますます南部と北部の間の戦闘の性格を帯びつつある」「何世紀も存在してきた憎悪が、南部連合が決定し、支配する政府の統治体制の構築を不可能にするだろう」

新政府軍の主力である薩長を南部連合と呼び、列藩同盟軍を北部と呼んでいるように、ブラントは、戊辰戦争にアメリカの南北戦争を重ねてみていた。アメリカを引き裂いた南北戦争は、四年にわたる血みどろの内戦だった。

国家を二分し、累積した憎悪をエネルギーとする戦争が簡単に終わるはずがない。ドイツ史上の内戦もそうだ。十七世紀、旧教徒と新教徒が激突した三十年戦争は、ドイツの国土を荒廃させ、神聖ローマ帝国の権威を地に堕とした。あとに残ったのは、分裂し、弱体化した小国家だけだった。プロイセンにビスマルクが登場するまで、二百年以上にわたって、ドイツ統一の悲願は成し遂げられなかった。

ブラントは、内戦が激化し、和平は容易に実現しないと踏んでいた。十一月十二日のビスマルク宛書簡では、南部連合（薩長）に肩入れするイギリスのせいで戦争は長引き、それに引き摺《ず》られて、北部（列藩同盟）の親密な対外感情までが毀《き》損《そん》されるのではないかと危惧していた。そして最後には、北軍が勝利し、ミカドの政府が倒壊すると予測していた。しかし、現実の戦

会津若松城（砲撃の跡が残る写真、会津若松市蔵）

局は、ブラントのシナリオとはまったく違った形で進んでいった。

白虎隊の悲劇のあと、会津藩の兵は、城に立てこもり、徹底抗戦することに決した。籠城戦である。会津若松城は、白亜に輝く壮麗な外観から、別名「鶴ヶ城」と呼ばれた。伊達政宗や上杉景勝など、名だたる戦国武将が城主をつとめ、度重なる大改修で進化を続け、鉄壁の防御を誇る名城となった。建造物の配置、縄張りは計算し尽くされ、死角と呼べる隙がなかった。野《の》面《づら》積みの荒々しい石垣の上に、巨大な五層の天守がそびえる姿は、天皇から権力を奪い取り、七百年にわたって続いた武家の支配の象徴だった。

新政府軍としては、何としても城を落とさなければならない。援軍が続々と駆け付けると、新暦十月二十九日に総攻撃が始まった。大砲が火を噴いた。五〇門の砲が砲弾を五〇発ずつ絶え間なく撃ち込んだと伝えられる。実に、二五〇〇発である。

『会津藩戊辰戦争日誌』によれば、「(城には)四方八方から大砲、小銃の弾が雨のやうに降つてまゐりますので、随分凄まじいもの」であった。城内には、婦女子を含む五〇〇〇人がいた。そこには、自ら銃と刀をもって籠城した山本八重《やえ》(後に新島襄《にいじまじょう》の妻となる)も含まれていた。砲術師範の家に生まれた八重は、有能な狙撃手だった。会津藩唯一のスペンサー銃を駆使して、薩摩藩の砲兵隊長を狙撃して重傷を負わせ、戦線離脱を強いるなど奮戦した。

新政府軍は、城を破壊するため、着弾後、内部の火薬が炸裂する榴弾を用いた。広範囲に飛び散る金属片で、全身を粉砕された女性が続出した。肉塊や血が飛散して、阿鼻叫喚の地獄となった。

城は、凄まじい砲撃に耐え続けた。しかし、人間の魂は生き地獄に耐えられなかった。新暦十一月六日、藩主の松平容保は、降伏した。会津藩の戦死者は、二四〇〇名を数えた。外国人傭兵の援軍を約束したシュネルは、二度と会津に戻ってくることはなかった。プロイセンの蝦夷地植民地化計画は推進力を失い、歴史の闇に消えていこうとしていた。

瓦解する奥羽越列藩同盟

奥羽越列藩同盟は、薩摩藩や長州藩に敵視され、朝敵の汚名を着せられた会津藩を救うために結ばれた同盟である。会津戦争が勃発して、会津若松城が新政府軍に包囲され、敗北が必至の状況になると、針路を見失い、瓦解に歯止めが利かなくなっていく。

新暦十月二十日、降伏の意思を表明したのは、米沢藩だった。米沢藩は、シュネル兄弟の弟エドワルドの斡旋で、新型銃を装備していた。軍制改革にも成功し、六個大隊を擁していた同盟の中核である。各戦線に援軍を送り、北越戦争や白河戦争、会津戦争で目覚ましい活躍をした。

しかし、新潟上陸作戦に成功し、長岡藩を撃破した新政府軍が北上すると、戦火は米沢藩の国境に迫ろうしていた。戦力差は大きく、このまま戦っても勝ち目はない。シュネル兄弟の兄ハインリッヒが秘策として明かした外国人傭兵の動員計画も実現の見込みは薄く、到着を待っている時間的な余裕もなかった。

米沢藩主だった上杉斉憲の妻は、貞姫《さだひめ》と言い、新政府に影響力がある土佐藩山内家の生まれだったことから、参謀の板垣退助は、降伏を勧めていた。厳罰は下さず、藩主の命も領地も奪わないという寛大な条件である。米沢藩は降伏を決断し、列藩同盟を離脱した。

仙台藩の降伏は、会津若松城への総攻撃の翌日、十月三十日だった。同盟の最大勢力だった仙台藩は、なぜ抵抗を諦め、新政府軍の軍門に降《くだ》ったのか。

太平洋側で平潟上陸作戦を実施して以降、浜通りを破竹の勢いで進撃した新政府軍は、仙台藩の国境に近い中村城を陥落させていた。領地を侵犯される脅威が目前まで迫る中、米沢藩が降伏に動いているという情報が飛び込んでくる。藩内の恭順派にとっては、援護射撃である。しかし、同じ日、榎本武揚の旧幕府海軍の艦隊が仙台港に入港すると、徹底抗戦を唱える主戦派が息を吹き返す。恭順するか、戦い抜くか、決断しなければならない。最早、一刻の猶予もなかった。

仙台藩主の伊達慶邦《よしくに》の前で、軍議が開かれ、恭順派と主戦派が真っ向から主張をぶつけ合った。議論は、三日続いた。両者の対立は激化するばかりで、妥協点は見いだせなかった。藩論が真っ二つに割れる中、新政府軍が国境を越え、要衝の旗巻《はたまき》峠を奪いとったという知らせが仙台藩の上層部を震撼させる。藩が滅びるかもしれないという恐怖は伝染し、戦意を喪失させる。最終的に、藩主の伊達慶邦の決断によって、仙台藩は降伏することになった。

あとは、ドミノ倒しである。列藩同盟の盟主であり、仙台藩に身を寄せていた輪王寺宮も、十一月二日に降伏した。十一月六日、会津藩が降伏すると、翌七日には庄内藩が、九日には、盛岡藩が降伏した。東北諸藩は、ことごとく新政府に降った。

決して諦めない男たちもいた。仙台藩の降伏に不満を爆発させたのが、精鋭部隊である額兵隊を率いる星恂太郎である。最新のスナイドル銃に加えて、機関銃のアームストロング砲まで入手していた。練度も上がり、実戦を待つばかりとなっていた。戦わずして、敗北を認めることなどできなかった。

旧幕府海軍の榎本武揚も、元フランス軍事顧問団のジュール・ブリュネも、会津戦争で生き残った新選組の土方歳三も、幕府陸軍伝習隊の大鳥圭介も、戦いを放り出すことはできなかった。列藩同盟が崩壊した後、彼らは艦隊とともに蝦夷地へと向かう。戊辰戦争は、最終局面を迎えようとしていた。

第9章

世界のグレート・ゲームと箱館戦争

「蝦夷共和国」樹立の宣言

日本の未来をかけた戦いだった戊辰戦争は、どんな結末を迎えるのか。新暦一八六八年十二月三日、最後の戦いである箱館戦争の幕が切って落とされた。

この日、旧幕府脱走軍の艦隊は、蝦夷地の噴火湾に姿を現し、上陸作戦を敢行する。噴煙が上がる有珠《うす》山《ざん》や駒ケ《こまが》岳《たけ》を観望して、噴火湾と命名したのは、江戸時代後期に来航したイギリス船の船長である。海岸線から湾内に向かって海底は急傾斜で落ち込んでおり、上陸地点として最適だった。

旧幕府海軍が誇る最強の軍艦である開陽丸を旗艦として、回天、蟠龍、千代田形の軍艦四隻。さらに輸送船の長鯨、大江丸、鳳凰丸、帆船の千秋丸を加えて、計八隻の大艦隊には、三〇〇〇名の将兵が乗り込んでいた。

密かに鷲ノ《わしの》木《き》海岸（現在の北海道森町）に上陸すると、渡島《おしま》半島を南下し、奉行所があった箱館をめざして進軍した。上陸部隊を率いたのは、新選組の土方歳三と幕府伝習隊の大鳥圭介である。鳥羽・伏見の戦いから、列藩同盟の東北戦争まで、戦い続け、生き残ってきた歴戦の強者《つわもの》であり、練度は極めて高く、士気も旺盛だった。

当時、箱館は、新政府が旧幕府から統治を引き継いでいた。幕末に築かれた城塞の五稜郭にも、新政府軍の兵が駐屯していたが、旧幕府軍が大挙して攻め寄せてきたことを知ると、抵抗を諦めて、城を明け渡し、逃げ去った。新暦十二月九日、無人となった五稜郭に無血入城を果たした。

旧幕府軍と同盟軍の残存勢力をまとめて、蝦夷地への進攻を計画し、劇的な勝利をもたらしたのは、榎本武揚のリーダーシップだった。新政府軍と対峙する覚悟を固めていた榎本は、不敗の態勢を築く必要があった。オランダへの留学経験があり、国際情勢にも通じていた榎本は、列強との関係が突破口を開く唯一の道であることを見抜き、独自に外交交渉を開始する。

大鳥圭介（国立国会図書館蔵）

このとき、列強側でも箱館戦争の情勢を探ろうと、イギリス海軍とフランス海軍の軍艦が派遣されていた。榎本は、箱館に入港していた両軍の艦長に、明治新政府への仲介を依頼し、英文で綴った嘆願書を示した。わざわざ英仏海軍を仲介者に選んだところに、意図がある。

嘆願書の中で榎本は、蝦夷地に向かった目的は、旧幕臣の救済策であると主張した。徳川家の石高が七〇万石に制限されたことによって、旧幕臣の相当数が食い扶持《ぶち》を失い、路頭に迷うことになる。その生活を立て直すため、蝦夷地に入植するという公益性を前面に押し出した。

あわせて、開拓を進めれば、農業・林業・漁業・鉱業などを興せると説き、経済合理性があることをアピールした。プロイセン公使のブラントも、蝦夷地の植民地化のメリットに挙げていたように、開拓事業が新産業の創出に結び付く可能性は確かにあった。列強にも経済的利益を獲得する機会があると示唆したのだろう。

最後に、安全保障面のメリットである。南下するロシア帝国を食い止めるため、旧幕臣を北方警備につかせることを画策したと説明している。英仏両国の極東政策にとって、ロシア帝国の軍事的拡大は脅威だった。その盾になろうというのだ。

榎本は、列強のパワーバランスを的確に把握し、ロシアの動向もわかっていた。英仏の思惑を読み解いていた。綿密な計算なしに、こんな提案はできない。領土的野心を一切見せることなく、明治新政府を表向きは指弾することなく、列強を味方につけて、宿願を果たそうとした。旧幕府軍きっての国際通だった榎本の面目躍如たる一手だった。

グローバルな視点から箱館戦争をみるとき、後世の歴史家が「蝦夷共和国」と呼んだ政権も、国際的な基準からの評価が可能だ。主要な人事は、日本で初めて公職選挙で決められた。政権

箱館奉行所の古写真（函館市中央図書館蔵）

のトップである総裁は、榎本武揚。陸軍奉行には、大鳥圭介が選ばれた。選挙といっても、被選挙権も選挙権も旧幕府脱走軍の士官に限られていたから、民主主義に基づく選挙とは言い難い。しかし、箱館駐在のアメリカ領事ライスが、「蝦夷の偉大な共和国」と呼んだり、横浜の英字新聞「ジャパン・タイムズ」が、「徳川家脱藩家臣団が共和国樹立を宣言」と伝えたように、天皇を戴く君主国家とは異なる政権として、認知されていた。

　さらに榎本たちは、国際赤十字運動の精神を体現して、敵と味方を分け隔てなく治療する病院も開設している。世界的にみても先駆的な取り組みであり、列強からの共感と好意を引き出すソフト・パワー外交の一環として、有効な方策だった。

旧幕府脱走軍は、蝦夷地を支配できる実力を、列強に示す必要があった。主権国家として認められるためには、軍事力に基づくハード・パワーも欠かせないからだ。

榎本たちは、蝦夷地に到着すると間もなく、各国代表に向けた声明書を発している。そこでは、旧幕府軍が外国人居留地に入ることを厳禁するとともに、外国人が商売のため蝦夷地を安全に旅行できるようにすると約束している。明治新政府も与えていない好遇である。そのうえで、自分たちは反乱軍や盗賊ではなく、武器を取ることで権利を守る交戦団体であると言明している。

列強から、「事実上の政権」として扱われ、交戦団体権を認められるか、あるいは単なる反乱軍として扱われるか。それが、決定的な分岐点だった。

事実上の政権となれば、列強の「局外中立」が期待できる。局外中立となっても、武器商人による新政府軍への銃や大砲の密売は抑止できないかもしれない。しかし、軍艦のように国家間の同意なしには売買できないような決戦兵器の入手は困難になる。明治新政府軍との戦争を優位に進めるためにも、必須の条件だった。旧幕府脱走軍の運命は、列強の外交官がどう動くかにかかっていた。

イギリスを慌てさせた榎本とロシアの動き

戊辰戦争は、列強にとって東アジアのパワーバランスを塗り替える好機だった。アヘン戦争以来、盤石だった大英帝国の支配にくさびを打ち込もうとしたのが、ロシア帝国である。日本史上最大規模の内戦が勃発すると、ロシアは、南下政策を本格化させる。日本との国境が確定していなかった樺太（サハリン）に、ロシア系移民を送り込む「ロシア化」に着手していた。日本側が対抗手段を取れないと見抜いて、支配を既成事実として、極東戦略の橋頭堡にしようと画策したのだ。

ロシア軍は、日本海に面したウラジオストクに前哨基地を建設していた。樺太を手中に収めれば、ウラジオストクから出撃した艦隊は、日本海を南下して、東シナ海に進出できる。その先には、世界最大級の市場が、無限の沃野《よくや》のように広がっている。

イギリスは、ロシアの南下政策に危機感を抱いていた。戊辰戦争の混乱に乗じて、矛先を蝦夷地に向けるのではないかと恐れていた。パークスが、本国の外務省に送った秘密報告書には、以下の記述がある。

「箱館やニコラエフスクで、ロシアの軍人が樺太全土ばかりでなく、蝦夷をも占領する用意があると放言していることは、一度ならず自分の許に報告されている。それはロシアについての悪名の種になっている」

「現在の内戦は外国の侵略を特に受けやすい状態を作り出しているし、ロシア人はこの点に気づいているようである。それゆえ、できるだけ早く、統一が実現されることが非常に望ましい」

　何としても、食い止めなければならない。期待をかけたのは、明治新政府である。パークスは、蝦夷地がロシアの南下を阻む盾になると見越していた。

「仮にミカドの政府に蝦夷の北部の適当な場所を開港する意向があるなら（中略）それは、ロシアの南下の野望に対する防波堤になるだろう」

　パークスは、どの列強よりも早く、新政府の承認に同意し、女王陛下の信任状を天皇に提出していた。戊辰戦争も、それが日本に強固な政治体制を築くための転機となる限り、必要悪のようなもので致し方ないと考えていた。だからこそ、「局外中立」を主導し、旧幕府勢力に他の列強が肩入れしないよう、先手を打ったのである。列藩同盟の敗北と瓦解は、パークスの見通しの正しさを証明していた。

　ところが、イギリスにとって、想定外の事態が起こる。蝦夷地で取るに足りない敗残兵の寄せ集めだったはずの旧幕府軍が快進撃を続けたのだ。

　新暦一八六九年一月二十七日、箱館で戦勝の祝典が開かれた。港に停泊する旧幕府脱走軍の艦隊には満艦飾が施され、礼砲が轟《とどろ》いた。ラッパを吹き鳴らす軍楽隊に先導されて、華やかなパレードが行われた。旧幕府軍に加わったフランス軍事顧問団の将兵たちも参列した。この日、総裁となった榎本は、蝦夷地の領有を宣言し、新たな政府が樹立された。

祝典には、箱館に駐在する各国の領事も招かれた。しかし、イギリス領事のユースデンの報告は、辛辣《しんらつ》である。華やかな祝典が「不安な状態に意気消沈している住民の気持ちを逸《そ》らすため、フランスの士官によって演出された」ものと断じている。

榎本たちの蝦夷地政権の樹立は、明治新政府を中心とする強力な統一政権の誕生というイギリスの青写真を台無しにした。極東のパワーバランスは一気に不安定になり、他の列強が付け入る隙が生まれた。

とりわけ気になるのは、ロシア帝国の動向だ。イギリスは、ロシアと榎本たちの蝦夷地政権が結びつくことを何より恐れていた。両者が結託すれば、イギリスの繁栄を危うくする重大な脅威になることは確実だった。

そのことを雄弁に物語る風刺画がある。当時、日本にいたイギリス人画家が描いたのは、榎本武揚と思われる人物が、双頭の鷲の飾りがついた旗を掲げている姿だ。双頭の鷲は、ロシア帝国の紋章だった。イギリスの焦りを如実に表した作品である。

榎本たちは、イギリス海軍の艦長に託した嘆願書の中で、蝦夷地への入植は、ロシアの南下を食い止める意図があり、北方警備に役立つと言明していた。裏でロシアと手を結ぼうとしたとは考え難い。しかし、列強の思惑が入り乱れる中、存在しないはずの蝦夷地政権の脅威が高

榎本武揚の風刺画(横浜開港資料館蔵)

まっていった。

ドイツのブロッケン山には、雲や霧の粒で光が散乱して巨大な影「ブロッケンの怪物」が現れるというが、その構図とよく似ている。榎本たちを無下に扱えば、ロシアに取り込まれるかもしれない。事実、箱館駐在のロシア領事ビュツォーフは、榎本たちが箱館を占拠すると、開陽丸を訪れ、礼砲で迎えられていた。

あらゆる手立てを講じて、旧幕府脱走軍は、列強の「局外中立」を勝ち取り、キャスティング・ボートを握ろうとした。その前に、イギリスと明治新政府の壁が立ちふさがることになる。

最強の不沈艦ストーンウォール号をめぐる攻防

一刻も早く、内戦を終わらせ、強力な統一政権が生まれることを望んでいたパークスにとって、旧幕府脱走軍を交戦団体として取り扱うことも、局外中立の対象とすることも、到底認められなかった。

明治新政府もまた、局外中立の撤廃に向けて、イギリスへの外交工作を進めていた。新暦一月九日、新政府の領袖《りようしゆう》だった岩倉具視がパークスと会見した。岩倉は、列強が「局外中立の宣言を維持しているのは、海賊の一派を天皇政府と同じ水準に置くこと」であると主張した。パークスは、イギリスは中立ではなく、あくまで不干渉の立場であり、旧幕府軍を交戦団体として認めているわけではないと説いて宥めた。

この会見で、パークスの後ろ盾を得られると確信したのだろう。岩倉は、列強各国の公使と立て続けに面会して、「天皇政府は、外国代表に局外中立宣言の廃止を要求する」と舌鋒鋭く詰め寄った。

新政府は、戦争終結の切り札を手にするために、是が非でも、局外中立を撤廃させたかった。その切り札とは、横浜に停泊していた甲鉄艦こと、ストーンウォール号である。徳川幕府がアメリカ政府と購入契約を結んだ最新式の軍艦であり、戊辰戦争の勃発にともなう列強の局外中立宣言によって、引き渡しが凍結されたままになっていた。

ストーンウォール号（甲鉄艦、函館市中央図書館蔵）

ストーンウォール号の秘密は、アメリカで見つかった建造記録から明らかになってきた。図面からは、旧幕府軍の艦隊を上回る性能が浮かび上がる。船体には、最大で厚さ一四センチもの鉄板が張られていた。砲撃をものともしない鉄壁の防御は、不沈艦の名にふさわしい。武装も充実していた。巨大なアームストロング砲に加えて、甲板には、ガトリング砲まで搭載されていた。あらゆる攻撃を寄せ付けず、敵の艦船を撃破する能力があった。

ストーンウォール号が新政府軍に引き渡されれば、戦局は一気に有利になり、内戦の終結も可能となる。しかし、そのためには、外国政府による軍事援助を禁じた局外中立が、大きな障害となってくる。だからこそ、岩倉具視は列強の代表に、局外中立の撤廃を強く求めたのだ。

箱館戦争の当初から、列強の意見は割れていた。旧幕府脱走軍が蝦夷地に上陸した九日後の新暦十二月十二日、列強六カ国の外交官が一堂に会して、代表会議が開かれた。パークスが提出した決議案には、外国の船舶に対して「箱館港を封鎖しようとする徳川脱藩家臣のいかなる要求も承認できない」と明記されていた。

このパークスの案に異議を唱えたのが、プロイセン公使のブラントである。ブラントは、「箱館港の封鎖を承認することはできない」という、より穏和な表現に改めることを訴えた。「局外中立」の延長を前提とした提案であり、列藩同盟の後を継いで、蝦夷地に独立政権を打ち立てようとした榎本たちへの配慮が感じられる。

ブラントは依然として、蝦夷地の植民地化を諦めてはいなかった。榎本たちは戦意旺盛だったものの、戦争継続に不可欠な軍資金に事欠き、財政難に陥っていた。列藩同盟に軍資金を供給するのと引き換えに蝦夷地を獲得しようとしたように、虎視眈々と機会をうかがっていた。

パークスの決議案には、ロッシュの後任として来日したフランス公使のウトレイが賛成した。ウトレイは、ロッシュとは違って、冷徹なリアリストの外交官であり、滅びゆく旧幕府勢力に肩入れする気はなかった。フランスの軍事顧問団の一員だったブリュネたちが榎本と行動を共にしていることを疎《うと》ましく思っていた。オランダ公使のポルスブルックも同様で、友好関係に

ブリュネたちフランスの軍事顧問団（函館市中央図書館蔵）

あった旧幕府勢力を見限り、パークスに賛同した。一方、アメリカ公使のファルケンブルグとイタリア公使のド・ラ・トゥール伯爵は、プロイセン公使のブラントの提案に同調する立場に立った。

三対三で、代表会議は真っ二つに割れた。旧幕府軍の交戦団体権を否認するというパークスの目論見は、崩れ去った。列強の外交官たちの意見が一致しない限り、局外中立は撤廃されず、継続する。ストーンウォール号は、新政府軍に引き渡されることはなくなり、最強の不沈艦をめぐる攻防は、振り出しに戻った。

「開陽丸」喪失の衝撃とパークスの逆襲

列強の代表会議が空転している頃、蝦夷地

では、箱館を陥落させた旧幕府脱走軍が、各地に戦線を拡大していた。土方歳三が率いる陸軍部隊七〇〇名の攻略目標となったのは、蝦夷地を支配してきた松前藩である。松前藩は、列藩同盟に参加していたものの、途中で尊王派のクーデターが起き、新政府軍に寝返っていた。

旧幕府軍は、艦隊を出撃させた。陸海共同作戦で、敵を屈服させようと、海上から軍艦の蟠龍が松前に砲撃を加えた。対する松前藩兵も、しぶとかった。陸路進撃してきた土方歳三の陸軍部隊に奇襲を仕掛けた。その攻撃が撃退されても、松前福山城に立てこもって大砲で反撃するなど、徹底抗戦した。しかし、戦力差は歴然であり、松前福山城はわずか一日で陥落の憂き目をみた。

松前藩の全領土を手中に収めるべく、旧幕府海軍は、日本海沿岸の江差を制圧しようと、艦隊の旗艦である開陽丸を送り込んだ。恐れをなした松前藩兵は、戦わずして江差を放棄し、逃げ去った。

しかし、勝利に酔った旧幕府軍に、思わぬ落とし穴が待っていた。新暦十二月二十八日、沖合に停泊していた開陽丸が激しい嵐に見舞われ、座礁《ざしょう》してしまったのだ。船底が破損して、浸水が始まっていた。救い出そうとしたが、万策尽きて、海中に没した。最強の軍艦を失ったことで、旧幕府軍の海軍力は弱体化し、計り知れない痛手となった。もしストーンウォール号がこのタイミングで新政府軍に引き渡されれば、対抗できる軍艦は存在しない。

パークスは、この機会を見逃さなかった。新暦一八六九年一月十八日、再び列強六カ国の公使たちを招集し、代表会議が開催された。この席で、パークスとブラントが火花を散らす。

「すべて大名は、ミカドの政府に降伏した。もはや局外中立は撤廃すべき」というのが、パークスの揺るぎない主張だった。

イギリスへの対抗心を燃やすプロイセンのブラントは、当然同意しない。

「箱館には、まだ榎本たちがいる。内戦は終わっていない」という見解を変えようとしない。旧幕府脱走軍が抵抗を続ける以上、局外中立を守るべきという結論になる。

これに対し、パークスは、徳川家脱藩家臣という榎本の置かれた状況を巧みに利用して、ブラントの論拠を崩そうと、反撃に出る。そこには「徳川将軍が降伏した以上、家臣も降伏すべきである。榎本は、反乱分子に過ぎない」という現状認識があった。

ブラントは「平和が回復されるまで局外中立を続けるべき」と確信していたから、当然食い下がる。ストーンウォール号売却の当事者だったアメリカ公使のファルケンブルグも、蝦夷地の戦況が判明するまで局外中立を維持すべきと支持した。何としても局外中立を撤廃させたいパークスは、即座に否定する。

榎本の主君である徳川慶喜は降伏した。ゆえに彼らは、謀反人とみなすべきだ。すでに内戦は終わった。ミカドの政府こそ唯一の合法政府なのだ、というロジックだ。

ファルケンブルグ（港区立郷土歴史館蔵）

ウトレイ（港区立郷土歴史館蔵）

議論は三日にわたって続けられた。調停に乗り出したのは、フランス公使のウトレイだった。内戦が終結し、交戦団体はもはや存在しないという原則に立ちつつ、アメリカ公使の意見を尊重し、蝦夷地の状況が判明するまで局外中立の撤廃を猶予しようというのだ。期限は、二週間と設定された。

二月七日、現地の情勢の偵察をしていたフランスの軍艦が箱館から横浜に戻ってきた。その情報から、箱館港の封鎖によって貿易商人たちにくすぶる不満や、蝦夷地政権の厳しい状況を公使たちは知ることとなった。

翌日、代表会議が再招集された。国益と国益がぶつかる外交戦で、公使たちは冷徹な計算で打つ手を決める。開陽丸を喪失し、旧幕府脱走軍の勝利は見通せなくなってきた。そうなれば、蝦夷地の植民地化も難しくなる。ブラントも反論を諦め、パークスの前に膝を屈した。

イギリスの呼びかけによって結ばれた局外中立は、イギリスの主導によって撤廃された。満場一致で局外中立が解かれたことで、唯一正統な日本政府は天皇の政権に固まった。それによって、ストーンウォール号は、新政府軍に引き渡された。

甲鉄奪取作戦「アボルダージュ」

新政府軍の所属となったストーンウォール号は、「甲鉄」と名を変え、蝦夷地に向けて出撃した。徳川幕府が発注し、切り札となるはずだった最強の不沈艦が、忠実な幕臣たちの命脈を断とうとしている。

幕府海軍副総裁だった榎本武揚は、その恐るべき攻撃力を知り尽くしていた。このままでは絶対負ける。窮地を脱するため、驚天動地の作戦を考案した。奇襲を仕掛けて、甲鉄を奪おうというのだ。自軍の艦船で接近し、戦闘員を乗り移らせて、標的の艦船を乗っ取る。フランス語で、「アボルダージュ」と呼ばれ、海賊による強奪戦で有名になった作戦だ。しかし、成功率は決して高くない。死を覚悟した攻撃だった。

この作戦に旧幕府軍は、回天、蟠龍、高雄の三隻を投入した。戦闘員一〇〇名を指揮するのは、土方歳三である。標的となる甲鉄は、補給のため、宮古《みやこ》湾に停泊していた。敵に警戒心を抱かせないように、外国の旗を掲げて接近し、突入を図って、奪取する計画である。五月一日、艦隊が箱館を発ったときは、天候にも恵まれ、前途洋々だった。

ところが、次第に雲行きが怪しくなり、宮古湾に近づくにつれて、天候は悪化し、暴風雨になった。蟠龍が遅れ始め、高雄も蒸気機関を損傷して、進めなくなってしまった。宮古湾に無事たどり着いたのは、回天のみである。回天は、外輪船で側面に水車がついているので、接舷《せつげん》が難しく、艦首しか近づけることができない。しかも甲板の位置が甲鉄よりも三メートル近く高いから、二階から飛び降りる格好になる。しかし土方たちは、怯《ひる》まなかった。勇猛果敢に飛び移り、艦を制圧しようとした。接近戦ならば、負けるはずがない。

ところがそのとき、甲鉄の艦首に装備されていたガトリング砲が火を噴いた。機関銃の連射が、旧幕府軍の戦闘員を襲い、次々と薙《な》ぎ倒していく。どんな剣の達人も、毎秒一〇〇発の弾幕の前では無力だった。作戦の続行が不可能だと悟った土方は、撤退を命じた。回天と、遅れていた蟠龍は箱館に帰還できたものの、蒸気機関の損傷で敵艦に捕まった高雄は追撃を受け、座礁して沈没した。戦死者は、一九名を数えた。

新政府軍の逆襲、土方歳三の激闘

箱館戦争は、旧幕府軍の蝦夷地上陸作戦から始まった。それから百七十日を経た新暦五月二十日、逆襲の機会を虎視眈々とうかがっていた新政府軍は、蝦夷地への上陸作戦を敢行する。津軽海峡を渡る兵の数は、一五〇〇。作戦の主力となるのは、甲鉄を旗艦とする新政府軍の艦隊である。

目標は、江差の北にある乙部《おとべ》。旧幕府軍は、新政府軍の襲来そのものは予期していたものの、具体的な上陸地点までは読み切れなかった。広い蝦夷地で網を張ろうとすれば、兵を分散して配置するしかなく、乙部に向かうことができた旧幕府軍は、一五〇名に過ぎなかった。そのため、十分な迎撃態勢を取ることができず、上陸を許した。

六日後には、陸軍参謀の黒田清隆《きよたか》率いる二八〇〇名の増援部隊が江差に上陸。総兵力が膨れ上がった新政府軍は、北・中央・南の三方向から箱館をめざして怒濤の勢いで進撃した。

旧幕府軍も態勢を立て直すと、反撃に転じている。松前からは、遊撃隊と陸軍隊の五〇〇名が江差から南下してきた部隊を迎撃するために出撃した。獅子奮迅の戦いぶりで敵を撃破し、一時は江差まで押し返した。しかし、海から、甲鉄をはじめとする艦隊の砲撃を受けると、退却を余儀なくされ、ついには松前まで攻め込まれて、福山城を奪還されてしまう。開陽丸を失ったこと、甲鉄を奪えなかったことが、戦局に暗い影を落としていた。制海権が敵の手中にあ

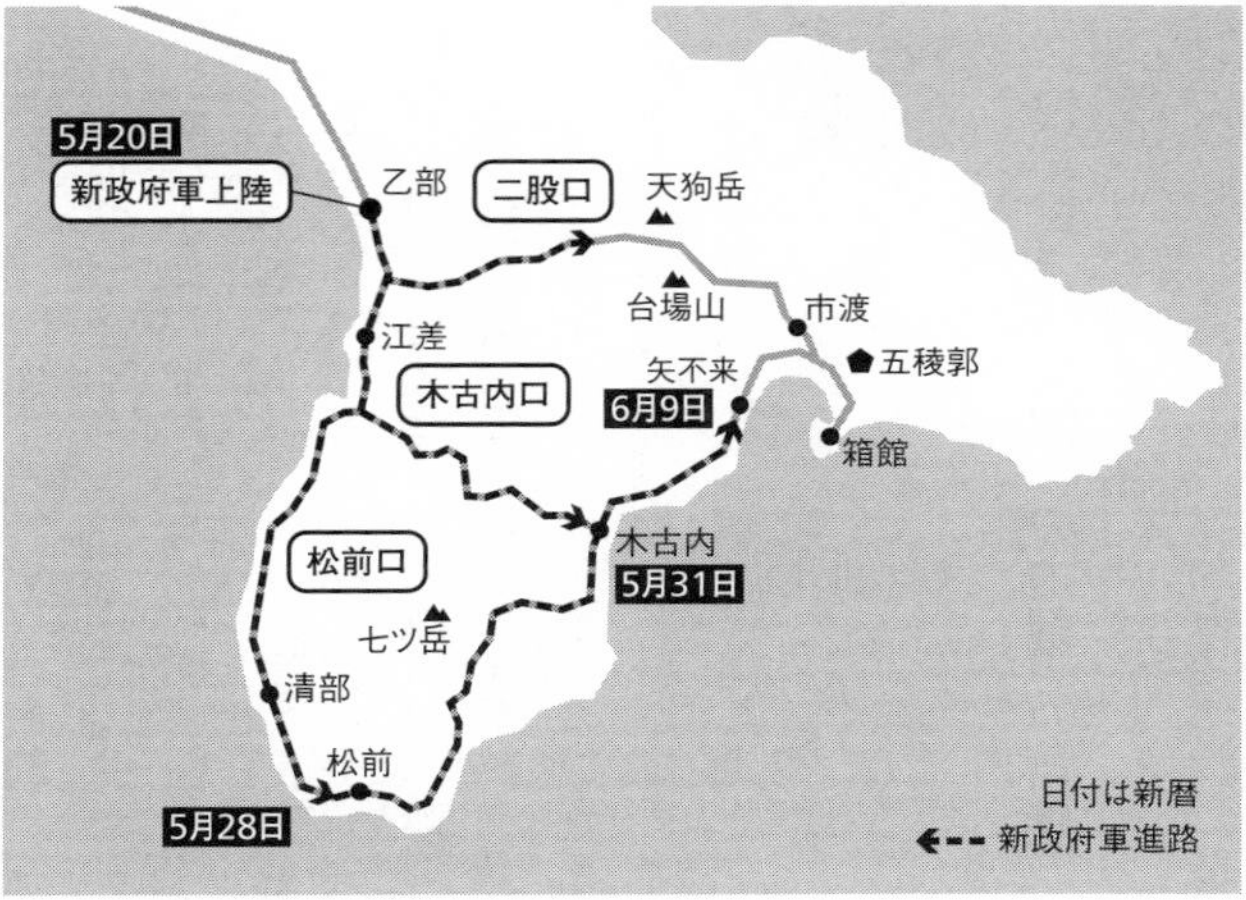

新政府軍の進攻図

る限り、旧幕府軍の陸上部隊は拠点を守りきることができず、艦砲射撃に蹴散らされてしまうのだ。

江差から山間部を越える中央ルートを進んできた新政府軍を木古内《きこない》で迎え撃ったのは、陸軍奉行の大鳥圭介率いる旧幕府陸軍伝習隊と、星恂太郎率いる仙台藩額兵隊、そして上野寛永寺で奮戦した彰義隊である。峠を越えてきた新政府軍が、増援部隊の到着を待って、総攻撃に移ると、戦力差もあって防ぎきれなくなり、旧幕府軍は木古内を放棄した。

続いて、矢不来《やふらい》でも、激戦が繰り広げられたが、新政府軍の旗艦、甲鉄がまたしても艦砲射撃を加え、旧幕府軍を粉砕する。陸上部隊の攻勢とそれに呼応した艦隊からの砲撃は熾烈を極めた。艦砲の射程距離は、三キロ以上に達する。射程距離外から一方的に撃ち込まれるから、反撃のしようもなかった。

旧幕府軍が総崩れとなる中で、気を吐いたのが、土方歳三の部隊だった。箱館に向かう要衝の二股口《ふたまたぐち》を迎撃地点に定めると、防御陣地を築き、胸壁を盾にして、新政府軍を迎え撃った。

兵員は三〇〇対七〇〇と、新政府軍が優位である。雨が降りしきる中、土方は間断のない攻撃を浴びせかけ、敵の消耗を強いる戦法を取った。十六時間の激闘で、三万五〇〇〇発の弾が放たれた。疲労困憊した新政府軍は撤退に追い込まれた。

次々と繰り出してくる新政府軍の攻撃を、土方は撃退し続けた。撃ちすぎて、熱く焼けた銃身を水桶で冷やしながら、鬼神のごとく戦いを続けた。敵の混乱を誘うために、刀を抜いて、突撃する戦法も繰り出した。ついに新政府軍は、二股口を正面突破することを諦め、箱館に向かう迂回路を切り開く動きに出た。そうなると、二股口は戦略的価値がなくなり、旧幕府軍は、敵が繰り出す増援部隊に囲まれて、孤立する危険があった。土方は止むなく、五稜郭への退却を決断する。

「日本史上最大規模の内戦」の最後の戦い

戊辰戦争で最後の戦いの舞台となり、旧幕府軍が立てこもった箱館の五稜郭は、徳川幕府が列強の侵攻を食い止めるために建設した星形の要塞である。

射程距離が短い陸上部隊の大砲には、耐えられる設計になっていたが、甲鉄のような最新鋭の軍艦に搭載された長距離砲からの攻撃には無力だった。そのため、旧幕府軍は、箱館湾を望む港に台場を築いて、砲台で敵の軍艦を威嚇することで、接近を許さないことが最重要課題だった。五稜郭が艦砲射撃にさらされると、蝦夷地政権の敗北は必至である。

逆に新政府軍としては、箱館湾の制海権を奪い取ることが、箱館総攻撃の絶対条件となる。こうして、箱館湾海戦の幕が開いた。新政府側の戦力は、甲鉄を旗艦として、朝陽《ちょうよう》、春日《かすが》、陽《よう》春《しゅん》、延年《えんねん》、丁卯《ていぼう》の六隻。迎え撃つ旧幕府軍に残された軍艦は、回天、蟠龍、千代田形の三隻である。艦船の数も性能も新政府軍が優位。しかし、操艦や砲撃は、歴戦の旧幕府軍艦隊に一日の長があった。

両軍の戦いは、熾烈を極めた。激しい砲撃戦の後、千代田形は座礁し、行動不能となった。回天、蟠龍は、新政府軍から追撃されて命中弾を受けるが、巧みな操艦で致命傷を避け、一進一退の攻防を続けた。しかし、新暦六月十六日の海戦で、甲鉄の放った砲弾が、回天のエンジンに命中すると、航行不能に陥った。満身創痍になっても、回天は抵抗を止めなかった。浅瀬に艦を乗り上げて座礁させると、固定砲台として、最後の一発まで撃ち尽くす覚悟で戦った。しかし、身動きができないため、狙い撃ちの的となり、無惨に破壊された。

新政府軍は陸海共同の軍事作戦を立案し、六月二十日午前四時、箱館総攻撃を開始する。

箱館戦争図(市立函館博物館蔵)

海上では、たった一隻となった蟠龍だが、新政府軍の艦隊に戦いを挑んでいた。数も性能も、絶望的な戦況だった。しかし、蟠龍の乗組員は、勝負を投げ出さなかった。不調となっていた機関を修理して、機動力が回復すると、再出撃して逆襲の機会をうかがっていた。

そこに、新政府軍の軍艦、朝陽丸が現れた。遭遇戦は一瞬の判断で決まる。狙いを絞って、一斉に砲撃を加えた。すると、一発が朝陽丸の火薬庫に命中。たちまち爆発炎上して、海中に没した。圧倒的に不利な情勢から、大戦果を得た蟠龍だったが、砲弾が底をついて、戦闘継続は不可能となり、艦を座礁させて放棄するしかなかった。精強を誇った旧幕府海軍の艦隊は、ここに壊滅した。

陸上でも、各地で凄絶《せいぜつ》な戦いが繰り広げられた。旧幕府軍を指揮したのは、前哨戦となる二股口の戦いで敵を撃退し続けた土方歳三だった。五稜郭に立てこもる主力は健在だったが、箱館港に築かれた弁天《べんてん》岬の台場は、危機に直面していた。新政府軍は台場にスパイを送り込み、砲台の大半を使用不能に追い込んでいたのだ。甲鉄をはじめとする艦隊からの容赦ない艦砲射撃にさらされ、陥落寸前だった。

対する新政府軍は、箱館を制圧しようと、黒田清隆の指揮の下で、市街地を眼下に見る箱館山を奪取しようと画策していた。黒田は、七〇〇名の兵を、夜陰に紛れて、箱館山の裏側に上陸させると、そそり立つ絶壁をよじ登り、山頂をめざした。

箱館山は、新選組が守備していた。まさか絶壁を登って、奇襲を仕掛けてくるとは。予期せぬ攻撃で総崩れとなり、敗走した。箱館山を奪われたことは計り知れない痛手となった。山頂から砲撃が始まると、新政府軍の支配地域は拡大し、安全な場所はどこにもなくなっていた。

新選組の残党は、弁天岬の台場に逃げ込んだ。土方は、台場の救援に向かうため、馬に飛び乗ると、五稜郭を出て、市街地を疾走した。一本木関門を抜け、異国橋のあたりで、新政府軍と遭遇した。馬を駆って、逃げることもできたはずである。多勢に無勢だと、降伏することもできたはずである。

しかし、「鬼の副長」として恐れられた男は、どちらの選択もとらなかった。土方は、銃を捨て、刀を抜くと、馬を駆って、新政府軍に突撃した。そのとき、狙撃手が放った銃弾が体を貫いた。享年三十五。幕末を駆け抜け、戊辰戦争を戦い抜いた英雄の最期だった。

いまや甲鉄からの艦砲射撃は、五稜郭にも降り注ぎ、奉行所の建物が破壊された。戦意を喪失し、逃げ出す兵が続出した。

新暦六月二十七日、榎本武揚は降伏を決断する。七カ月に及んだ蝦夷地政権は消滅し、五稜郭は新政府に明け渡されることになった。ここに、一年五カ月にわたる日本史上最大規模の内戦、戊辰戦争は終結した。

誰がための勝利だったのか

箱館戦争には、ひとつの謎がある。蝦夷地政権は、なぜ短期間で崩壊してしまったのか。実戦経験が豊富で、連戦連勝を誇った旧幕府軍が、一転して、連戦連敗に陥ってしまった原因は何なのか。

敗軍の将となった榎本武揚は、象徴的な言葉を残している。

「我らは、薩長に負けたのではない、イギリスに負けたのだ」

そのことを誰より熟知していた明治新政府は、「局外中立の儀、英国公使段々斡旋いたし、甲鉄艦入手につき、今度蝦夷地平定に及び候段、英公使に謝礼に及ぶべし」として、箱館戦争の終結後、岩倉具視をはじめとする政府の要人が公使館を表敬訪問し、パークスに感謝の意を伝えている。特別待遇は、部下の書記官にも及び、パークスともども浜御殿に招待され、饗応を受けている。

勝敗を決した陰の立役者は、大英帝国イギリスだった。その主導で局外中立が解除されると、イギリスの輸送船が青森に集結。新政府軍の兵や武器弾薬を積み込んで、蝦夷地に送り込むために協力していた。

新政府軍の逆転勝利は、陸海軍の緻密な共同作戦によって成し遂げられた。その原動力は、甲鉄と名を変えたストーンウォール号である。陸で旧幕府軍が奮戦して優位に立っても、海から甲鉄が絶妙な砲撃で突き崩し、戦局を一変させる。海戦でも常勝不敗で、精強な旧幕府海軍を窮地に追い込んでいる。

実は、ストーンウォール号には、イギリス人の機関士や砲撃手が乗り込んでいたと、フランス軍事顧問団に所属していたブリュネが手紙に書き記している。もし事実なら、旧幕府軍の弱点を突く精密な砲撃も、巧みな艦隊運動も頷《うなず》ける。そして榎本武揚も、親交があったアメリカ領事への書簡で、「イギリスの介入で降伏に追い込まれた」と、証言している。

箱館総攻撃の直前、イギリス領事のユースデンは、英軍艦パール号の艦長だったロスの協力で、イギリスの居留民を説得し、箱館を去ることを決意した。フランスの領事も同調し、英仏の軍艦による箱館大脱出作戦が敢行されたのである。

万が一、流れ弾に当たり、外国人の死傷者が出たら、国際問題となって、総攻撃の完遂に悪影響を与えることは必定だった。旧幕府軍は、外国人の居留民や列強の領事を「人間の盾」として使うこともできた。そうして敵の決定的な攻撃を抑止しながら、蝦夷地の奥地へと拠点を移し、ゲリラ戦に持ち込めば、長期にわたって戦略的持久の態勢を築くことも可能だった。そうなれば、日本の統一は遠のく。そこで笑うのは、極東進出の野心を抱き、樺太から蝦夷地へと触手を伸ばしていたロシア帝国であり、蝦夷地の植民地化を諦めていなかったプロイセンだった。

大英帝国とロシア帝国、二大国の覇権争いであるグレート・ゲームは過熱していた。戦争当時、プロイセンは、分裂国家だったドイツの統一に集中していたが、ビスマルクの鉄血政策で軍事力の増強に努めていた。まもなく、列強の対立が激化し、地球上のあらゆる大陸で植民地獲得競争を繰り広げる「世界分割」の時代が始まろうとしていた。

パークスは、競争相手に蝦夷地を差し出すつもりは毛頭なかった。天皇の政権によって日本を統一してロシアの極東進出を牽制し、安全保障のパートナーとなる親英的な近代国家を日本に築きたいと望んでいた。イギリスの国益に資する限り、日本の富国強兵に喜んで手を貸すつもりだった。

開業を間近に控えた横浜駅（オーストリア国立図書館蔵、写真提供：NHK）

パークスの野望は、戊辰戦争の勝利と明治維新の幕開けによって、成就するのである。

グローバル・ヒストリーでみた明治維新

オーストリアのウィーンで、明治初期の日本を写した大量のガラス原板ネガが見つかった。そこには、大国の力を積極的に取り入れつつ、近代国家の建設を推し進めようとする日本の挑戦が写し出されていた。

例えば、開業を間近に控えた横浜駅の写真。一八七二年十月十四日、イギリスから資本提供を引き出し、新橋―横浜間の鉄道が開業した。のちに、鉄道網は全国に張り巡らされ、人やモノの流れが加速した。明治日本がアジアでいち早く産業の近代化に成功したのは、大動脈となる鉄道網の力が大きかった。

富岡製糸場（オーストリア国立図書館蔵、写真提供：NHK）

世界遺産になった富岡製糸場の黎明期の写真もあった。富国強兵のシンボルとなった富岡製糸場は、フランスの技術で築かれた。ここで生産された高品質の絹は、最大の輸出品となり、日本の経済成長を押し上げていった。

一八八九年には、大日本帝国憲法が発布される。手本にしたのはドイツ帝国憲法。プロイセンの首相から統一ドイツの首相になったビスマルクが作った憲法だった。この憲法により、天皇と議会のあり方が定められ、日本は近代的な立憲君主制国家として歩み始める。

日本の幕末期は、長期にわたり内戦状態に陥り、外国の介入の脅威にさらされた危機の時代だった。明治時代の日本は、引き続き、大国の思惑に翻弄され、覇権争いに直面しながらも、列強の影響を抜け出す努力を続け、新たな道を切り拓こうとした。

大事業に挑んだのは、戊辰戦争の勝者となった薩摩や長州だけではない。敗者となった旧幕臣たちも同様だった。列藩同盟の一員として戦った士族の多くが、新天地を求めて蝦夷地に渡り、開拓に生涯を捧げた。榎本武揚も、釈放後、明治政府に仕え、北海道開拓に尽力した。榎本はその後、外交の世界に身を転じると、駐露特命全権公使として、ロシア帝国と樺太・千島交換条約を結び、さらに外務大臣となって、不平等条約の改正をめざして奔走した。戊辰戦争を乗り越えたからこそ、日本は変化を遂げ、前に進むことができた。

富国強兵を成し遂げた明治日本は、独立したプレーヤーになろうと苦闘し、日清戦争、日露戦争を経て、世界のグレート・ゲームを動かしてゆく。

私たちは幕末からつながる時代を、歩み続けている。

おわりに

「歴史は、現代と過去との対話である」という。それを痛感したのが、二〇二二年二月に起きたロシアによるウクライナへの軍事侵攻だった。地政学的要衝であるクリミア半島をめぐって、西側世界とロシアが対峙する構図は、十九世紀、幕末と同時代に起きたクリミア戦争と酷似していた。この戦いで敗北したロシアは、極東への進出を加速し、それが日露戦争への導火線となっていく。「すべての歴史は、現代史である」ということを、改めて教えられた思いだった。

本書のきっかけとなった特集番組「ＮＨＫスペシャル　新・幕末史」は、二〇二二年十月に放送された。歴史ファンにとって、幕末は、戦国時代と並んで、抜群の人気を誇る時代であり、これまでも頻繁に取り上げられてきた。その多くは、日本一国に軸足を置いた〔ナショナル・ヒストリー〕として、幕末を描くことに終始してきた。当時、列強が世界の隅々まで進出し、地球規模で歴史が変動していたことを考えると、〔グローバル・ヒストリー〕として、新しい幕末史を描き出すべきではないか。国際的な視点を入れたほうが、現代世界との密接なつながりも、より深く理解できるのではないか。こうした問題意識が、出発点となっている。

執筆にあたっては、番組ディレクターの宇治田曜、辻本和晃、斉藤勇城、プロデューサーの河井雅也の各氏より、多大な協力と資料の提供を受けた。番組制作が起点ではあるが、独自の視点を加えて、新たに書き下ろしているため、文責は執筆者にある。

幕末の時代、日本と世界をつないだ列強の外交官や武器商人たちが綴った機密文書や史料を読むのは、宝箱を開けるようなワクワクする体験だった。イギリス・ドイツ・フランス・アメリカ・オランダ・ロシア・スイス、七カ国で探した史料の内容を読み解くにあたって、数多くの研究者の協力を仰いだ。特に、以下の方々には、貴重な助言をいただいた。

保谷徹（東京大学名誉教授）、箱石大（東京大学史料編纂所教授）、淺川道夫（日本大学教授）、福岡万里子（国立歴史民俗博物館准教授）、ケネス・ポメランツ（シカゴ大学教授）、アントニー・ベスト（ロンドン・スクール・オブ・エコノミクス教授）の各氏。

膨大な史料を博捜して、歴史のフロンティアを切り拓き、新しい幕末史の見方を教えてくれた研究者の皆さん、そして本書刊行のためご尽力いただいた幻冬舎の鈴木隆さんに、心から感謝を申し上げたい。

ＮＨＫプロデューサー　山崎啓明

引用・参考文献

石井孝『明治維新の国際的環境』吉川弘文館

石井孝『戊辰戦争論』吉川弘文館

保谷徹『幕末日本と対外戦争の危機』吉川弘文館

保谷徹『戊辰戦争』吉川弘文館

大山柏『戊辰役戦史』時事通信社

萩原延壽『遠い崖　アーネスト・サトウ日記抄』朝日文庫

福岡万里子「ドイツ公使から見た戊辰戦争」『戊辰戦争の新視点　上』吉川弘文館

箱石大『戊辰戦争の史料学』勉誠出版

中山裕史著／中武香奈美編『幕末維新期のフランス外交』日本経済評論社

宮地正人『土方歳三と榎本武揚　幕臣たちの戊辰・箱館戦争』山川出版社

宮地正人『幕末維新変革史』岩波書店

東京大学史料編纂所古写真研究プロジェクト『高精細画像で甦る150年前の幕末・明治初期日本』洋泉社

野口武彦『鳥羽伏見の戦い』中公新書

野口武彦『幕府歩兵隊』中公新書
神谷大介『幕末の海軍』吉川弘文館
横井勝彦『大英帝国の〈死の商人〉』講談社選書メチエ
菊地明『土方歳三日記　上・下』ちくま学芸文庫
菊地明編『会津藩戊辰戦争日誌　上・下』新人物往来社
今泉鐸次郎『河井継之助伝』象山社
ハリス著／坂田精一訳『ハリス　日本滞在記　上・中・下』岩波文庫
オールコック著／山口光朔訳『大君の都　上・中・下』岩波文庫
勝部真長・松本三之介・大口勇次郎編『勝海舟全集 18　海舟日記1』勁草書房
司馬遼太郎『街道をゆく 42　三浦半島記』朝日文庫
西郷隆盛全集編集委員会編『西郷隆盛全集　第二巻』大和書房
公爵島津家編輯所編『薩藩海軍史　上・中・下』原書房
日本史籍協会編『匏庵遺稿　一・二』東京大学出版会
『[決定版]図説・幕末　戊辰　西南戦争』学研プラス
詳説日本史図録編集委員会編『詳説日本史図録　第10版』山川出版社

ＮＨＫスペシャル取材班・執筆者
夫馬直実・山崎啓明

幻冬舎新書 715

新・幕末史

グローバル・ヒストリーで読み解く列強vs.日本

二〇二四年一月三十日　第一刷発行
二〇二四年六月十五日　第四刷発行

著者　NHKスペシャル取材班

発行人　見城　徹
編集人　小木田順子
発行所　株式会社　幻冬舎
〒一五一−〇〇五一　東京都渋谷区千駄ヶ谷四−九−七
電話　〇三−五四一一−六二一一(編集)
〇三−五四一一−六二二二(営業)
公式HP　https://www.gentosha.co.jp/
ブックデザイン　鈴木成一デザイン室
印刷・製本所　株式会社　光邦

Printed in Japan　ISBN978-4-344-98717-3 C0295
え-5-1

＊この本に関するご意見・ご感想は、左記アンケートフォームからお寄せください。
https://www.gentosha.co.jp/e/